Sem firulas

De um bolinho à franquia na Europa

ADMINISTRAÇÃO REGIONAL DO SENAC NO ESTADO DE SÃO PAULO

Presidente do Conselho Regional
Abram Szajman

Diretor do Departamento Regional
Luiz Francisco de A. Salgado

Superintendente Universitário e de Desenvolvimento
Luiz Carlos Dourado

EDITORA SENAC SÃO PAULO

Conselho Editorial: Luiz Francisco de A. Salgado
Luiz Carlos Dourado
Darcio Sayad Maia
Lucila Mara Sbrana Sciotti
Luís Américo Tousi Botelho

Gerente/Publisher: Luís Américo Tousi Botelho
Coordenação Editorial/Prospecção: Dolores Crisci Manzano e Ricardo Diana
Administrativo: grupoedsadministrativo@sp.senac.br
Comercial: comercial@editorasenacsp.com.br

Edição e Preparação de Texto: Janaina Lira
Revisão de Texto: Camila Lins
Impressão e Acabamento: Maistype

Diagramação e Tratamento de Imagens: Ronnie Keyson
Revisão Ortográfica: Adernil de Souza
Cozinha Experimental: Fábrica Mara Cakes
Supervisão: Simone Lozano
Fotografia de Capa: Vitor Andrade
Fotografia de Receitas: Heberton Carlos e Vitor Andrade
Fotografia em Portugal: Paulo Pinto
Produção Cenográfica: Mariana Moura, Sara Chanquini e Simone Lozano
Apoio: Jessika Mesquita Gasques

Nenhuma parte desta publicação poderá ser reproduzida,
guardada pelo sistema "retrieval" ou transmitida de qualquer
modo ou por qualquer outro meio, seja este eletrônico,
mecânico, de fotocópia, de gravação, ou outros,
sem prévia autorização, por escrito, da Editora Senac São Paulo.

Editora Senac São Paulo
Rua 24 de Maio, 208 – 3º andar
Centro – CEP 01041-000
Caixa Postal 1120 – CEP 01032-970 – São Paulo – SP
Tel. (11) 2187-4450 – Fax (11) 2187-4486
E-mail: editora@sp.senac.br
Home page: http://www.livrariasenac.com.br

© Editora Senac São Paulo, 2022

Dados Internacionais de Catalogação na Publicação (CIP)
(Simone M. P. Vieira - CRB 8ª/4771)

Cakes, Mara
Sem firulas: de um bolinho à franquia na Europa / Mara Cakes. –
São Paulo: Editora Senac São Paulo, 2022.

ISBN 978-85-396-3334-0 (impresso/2022)
e-ISBN 978-85-396-3335-7 (ePub/2022)
e-ISBN 978-85-396-3336-4 (PDF/2022)

1. 1. Bolos (Culinária) 2. Confeitaria 3. Receitas 4. Empreendedorismo I. Título.

22-1519t   CDD – 641.8653
                                                  BISAC CKB014000

Índice para catálogo sistemático
1. Bolos : Receitas : Gastronomia   641.8653

Sem firulas
De um bolinho à franquia na Europa

Mara Cakes

Editora Senac São Paulo – São Paulo – 2022

Sumário

Nota do editor 7
Agradecimentos 10
Sobre a Mara 12
Prefácio: Sem firula nenhuma 16
Introdução: Vamos lá! 19

BOLOS CASEIROS 21
Vulcão de baunilha 24
Vulcão de chocolate 26
Vulcão de cenoura 28
Choconinho 30
Sobre a produção 31
Pool cake pistache 32
Pool cake chocolate 35
Pool cake Ninho 36
Pool cake cenoura 38

MASSAS FAVORITAS 40
Massa branca 42
Massa de chocolate 44
Red velvet 46

CUPCAKES 49
Cupcake Ninho 50
Cupcake red velvet 52
Cupcake de cenoura 54
Cupcake de chocolate 56

BROWNIE E SUAS VARIAÇÕES 58
Brownie 60

PALHA ITALIANA E SUAS VARIAÇÕES 62
Palha italiana 64

CHEESECAKES 66
PUDIM MARA 68
MASSA FOLHADA (DICAS) 70

BASES CONSISTENTES 72
Ao leite 74
Meio amargo 76
Ninho 78
Doce de leite suave 80

BASES CREMOSAS 82
Ao leite 84
Ninho 86

COMPOSIÇÕES 88
Cocada cremosa 90
Geleia de frutas vermelhas 92
Geleia de frutas amarelas 94
Pistache 96
Cream cheese 98
Crème brûlée 100

BRIGADEIRO DE ENROLAR 102
Brigadeiro ao leite 104
Brigadeiro meio amargo 106
Brigadeiro de leite Ninho 108
Brigadeiro de morango 110
Brigadeiro de pistache 112
Brigadeiro de amendoim 114
Brigadeiro de café 116

VITRINE 118
CALDAS 120

BOLOS ESPECIAIS 122
Chocomusse...124
Ao leite 126
Ninho e morango 128
Nutellíssimo 130
Blend 132
Kitkat 134
Suspiro de morango..136

MINIBOLOS 139
Red velvet 140
Mil-folhas de morango 142
Chocobrownie 144
Meio amargo e frutas vermelhas 146
Nozes e doce de leite...148
Nutellíssimo 150
Pistache...152

BOLO DE POTE 155
Ninho e avelã...157
Frutas amarelas 159
Red velvet 161
Chococo..162
Ninho e morango 164

O POPULAR E DELICIOSO COPO DA FELICIDADE 167
Chockokinder...168
Hot brownie...170
Ninho, chocolate, morango e suspiro..........................172
Ninho, morango e suspiro...174
Hot palha 176

TARTELETES 178
Chocolate amargo e frutas vermelhas.........................180
Chocolate ao leite..182
Limão 184

BRIGADEIRO DE COLHER 186
Potes de vidro..188
Temperagem de chocolate 190

Sobre as panelas mexedoras e os brigadeiros 192
Sobre os fornos...194
Sobre as validades..196
A fábrica Mara Cakes..202

Nota do editor

Confeiteira, empresária, professora, palestrante, influenciadora digital. Muitos são os títulos que podem ser atribuídos a Mara por sua extraordinária carreira dentro do ramo da confeitaria. E tudo isso começou quando, em 2015, ela decidiu fazer um despretensioso bolo de aniversário para si mesma, que deu muito certo. Com todo o sucesso entre a família e os amigos, logo ela começou a receber pedidos de encomendas. Mara, então, passou a se dedicar tanto à prática quanto aos estudos da confeitaria, pesquisando, experimentando e, principalmente, fazendo muitos bolos.

De sua formação em pedagogia e da paixão pela confeitaria nasceu o multifacetado projeto Mara Cakes, que hoje engloba fábrica, lojas, franquia no exterior, cursos e até mesmo uma grande feira da área, a Mara Cakes Fair, que recebe de pequenos empreendedores a grandes marcas e profissionais da confeitaria brasileira e mundial.

Neste livro, ela propõe um olhar simples e objetivo sobre o ofício de fazer bolos e sobremesas: sem firulas, isto é, sem rebuscamentos desnecessários, sem rodeios, assim como tem sido sua própria trajetória. E é dessa maneira que ela apresenta receitas próprias de variados tipos de doce, com dicas para melhorar o aproveitamento dos preparos e, por sua vez, a produtividade dos negócios do leitor empreendedor.

Com esta publicação, o Senac São Paulo deseja contribuir para a profissionalização de pequenos a médios confeiteiros e, por meio da história de Mara, inspirar outros tantos amantes autodidatas da confeitaria a pôr a mão na massa para executar suas práticas e deliciosas receitas.

Chegamos em Lisboa no dia 26 de maio de 2021 para a inauguração da franquia Mara Cakes. Como o Brasil vivia um momento de muitos casos da covid-19, tivemos que ficar isolados por 14 dias. A vontade de sair para passear ou de ir organizar a loja para a inauguração era imensa, mas não podíamos sair antes do dia 9 de junho. Me vendo presa em um quarto de hotel, nasceu este livro.

Quem diria!

Agradecimentos

Agradeço a Deus, que é o centro da minha vida, por, durante o isolamento da covid-19 em Portugal, colocar no meu coração o desejo por este projeto tão especial.
Agradeço à minha família, meu maior patrimônio aqui na Terra, por tudo que são e por estarem no Brasil cuidando de todas as nossas coisas durante essa viagem tão longa.
Obrigada aos meus 25 mil alunos, aos 800 mil seguidores nas redes sociais, às empresas que sempre apoiaram meus projetos e a todos vocês que, de uma forma ou de outra, fazem parte da minha vida nessa jornada com a confeitaria.
Obrigada a você que está lendo agora. Você já faz parte da minha história também.

Sobre a Mara

De um bolo de aniversário à franquia na Europa! É assim que vemos a grande empreendedora Mara hoje.

A pedagoga e ex-empresária do ramo da moda que, com um simples bolo de aniversário, viu a vida se transformar em poucos meses.

Ela não imaginava que a receita de bolo feita para o seu aniversário teria uma visibilidade tão grande nas redes sociais e que, após um ano, se tornaria essa profissional de grande referência na confeitaria brasileira.

Desde março de 2015, suas receitas de bolos artísticos conquistaram fãs no Brasil e no mundo. Seus *workshops* e palestras estiveram sempre lotados por onde passou, chegando a atender 500 pessoas por mês.

Mara ministrou cursos em Milão, Dubai e Toronto, além de percorrer o Brasil diversas vezes.

Atualmente, soma em seu perfil do Facebook, do Instagram e do YouTube 800 mil seguidores, aproximadamente.

Desde o início, Mara sempre buscou inovar. Foi uma das pioneiras a rodar o Brasil ministrando aulas-show, tendo, muitas vezes, um público superior a 100 pessoas na plateia. A empreendedora hoje tem alunos em mais de 21 países.

Mara sempre teve seus diferenciais; por exemplo, ela não oferecia a receita da aula ou uma apostila para o público, mas livros em capa dura com diversos tipos de receitas, auxiliando, assim, tanto quem estava começando quanto quem já atuava no mercado e buscava aprimoramento. E sempre fazendo questão de ter preços justos e acessíveis.

Sua maior preocupação nunca foi ensinar o bolo mais gostoso ou o bolo mais bonito, mas, sim, repassar valores, transformar pessoas e transmitir esperança de uma vida cada vez melhor por meio da confeitaria.

A seguir, saberemos um pouco mais de sua história.

2015

Desde 2015, muita coisa aconteceu. Hoje, Mara tem uma equipe com mais de trinta colaboradores. Possui contratos de exclusividade com empresas, atuando como a renomada influenciadora que se tornou. Mara participou de diversos programas de TV, dentre eles o Bake Off Brasil, do SBT, e o programa Mais Você, da Ana Maria Braga, da TV Globo. Foi destaque em várias revistas, inclusive nas páginas da revista *Pequenas Empresas & Grandes Negócios*.

2016

Em 2016, publicou seu primeiro livro, seguido de mais dois, todos sucessos de vendas.
Lançou também mais de cinquenta produtos com a marca Mara Cakes. Recebeu ainda um prêmio no Palácio do Congresso Nacional, em Brasília, e na Câmara Municipal de São Paulo, por ser referência nacional no empreendedorismo.

2017

Em 2017, participou do maior evento de confeitaria da América Latina, entre grandes multinacionais, e seu espaço foi o mais visitado de todo o evento!

2018

Em 2018, após muitos pedidos, inaugurou a primeira Mara Cakes Confeitaria e Cafeteria, que oferece uma grande variedade de bolos e doces. Um modelo de negócio de encher os olhos.

2019

Em 2019, apresentou ao mercado a sua própria feira, a Mara Cakes Fair, que já estreou como o maior evento de confeitaria do Brasil. A feira contou com mais de 100 marcas expositoras e milhares de visitantes do Brasil e do exterior durante os quatro dias de evento. Para Mara, a feira é a realização de um sonho e uma grande contribuição para a expansão do setor.

2020

Em 2020, inaugurou mais duas lojas em Presidente Prudente (SP), além de ter implantado a fábrica, onde é centralizada toda a produção para o abastecimento das unidades. Nesse mesmo endereço, no piso superior, montou seu estúdio de gravações para o trabalho de influenciadora, que nunca deixou de fazer.

2021

Em 2021, cruzou o oceano para levar a franquia Mara Cakes Confeitaria e Cafeteria para a Europa, inaugurando a primeira loja em Lisboa!

Em suas viagens pelo mundo, buscou inspirações que hoje fazem parte do conceito.

O cardápio é simples, mas rico em sabor.

Além dos trinta sabores de bolos, oferece uma grande variedade de sobremesas na vitrine, diversos tipos de café e muito mais.

Desde que Mara anunciou o projeto, já apareceram investidores interessados em adquirir a franquia. E esse número já soma 320 pessoas em todo o Brasil, resultado do excelente trabalho e do fortalecimento da marca Mara Cakes, que agora inicia o processo de expansão da franquia.

Mara é uma colecionadora de projetos muito bem-sucedidos. Hoje está à frente de quatro empresas dentro do Grupo Mara Cakes.

Ao todo, são seis anos de história, com muita fé, determinação e ousadia.

PREFÁCIO
Sem firula nenhuma

Neste livro, eu apresento a você uma confeitaria sem frescura, sem blá-blá-blá. Sem rodeios nem floreios. Eu não prometo receita milagrosa de sucesso, porque ela não existe, mas ensino a ir direto ao ponto, encurtando caminhos e evitando atitudes que tardem, dificultem ou até impeçam seu crescimento.

Já publiquei outros três livros de maneira independente. O primeiro, **Confeitaria artística**, contém tudo aquilo que ninguém me contou quando iniciei e tive que errar muito até aprender. É um livro muito bom para iniciantes. O segundo, **Muito além de bolo**, apresenta o passo a passo das flores, forte tendência asiática daquele momento, além de massas e recheios. O terceiro, **Simplesmente Mara**, traz muitas opções de massas, recheios e sobremesas. É um livro bem extenso, com bastante conteúdo para possibilitar a oferta de muitas opções aos clientes.

Em **Sem firulas**, a frase "menos é mais" talvez nunca tenha feito tanto sentido, pois hoje posso falar com propriedade daquilo que realmente vivo. E é muito diferente ensinar quando se está no "chão de fábrica" diariamente, vivendo a prática.

Hoje, vejo que não é preciso ter um vasto cardápio para ter lucratividade, mas ter produtos de qualidade e uma operação muito bem trabalhada. E só vivenciando para entender e aprender.

O objetivo é revelar isso a você de forma simples. Nesses seis anos em que ministrei palestras e cursos por todo o Brasil, vivi muitas histórias e aprendi que coisas e pessoas, muitas vezes, têm firulas demais. Conheci profissionais cheios de firulas, e, infelizmente, sem nenhum sucesso real. E profissionais simples, mas cheios de conteúdo, com muita *expertise* e realizados pessoal e profissionalmente.

Com todo esse aprendizado e a bagagem que agora carrego, aposto na confeitaria simplificada. Naquilo que funciona independentemente de como é a regra.

Com a internet, tudo isso ficou mais claro. Fui uma profissional na contramão: formada em pedagogia, já recebi muitas críticas por me propor a ensinar o país inteiro a fazer bolo sem ter formação acadêmica na área.

A teoria também é importante, mas eu detenho a prática. Sei fazer e soube ensinar com o meu método mais de 25 mil pessoas a viver da confeitaria, e isso valeu demais.

Esses seis anos na profissão foram, talvez, os mais intensos de todos para mim. Parece que foram vinte anos, pela forma como tudo me aconteceu tão rápido!

O mais engraçado é que o que eu achava essencial lá atrás foi muito simplificado. Como essa vida ensina! Experiência é tudo!

Eu nunca ensinei receita milionária ou dei receita pronta de sucesso. Se você veio buscar isso, enganou-se. A realidade continua sendo um monte de louça na pia para lavar depois de fazer bolo. Nada mudou. O que vai mudar é a forma como você administra tudo isso.

O que proponho aqui é dar uma base de como é o meu trabalho atual, e depois é com você e sua criatividade fluindo!

A Mara que fez o próprio bolo de aniversário sem ter um bico de confeitar, que gravava os vídeos com o celular na lavanderia e que dava cursos na garagem da mãe com cadeiras emprestadas hoje é presidente do maior evento de confeitaria do país. Ela é a mesma que atualmente tem três lojas e uma fábrica e inaugurou uma franquia na Europa.

Sim, eu continuo sem firulas e acho que esse é um dos grandes segredos do sucesso dos meus negócios. E também essa forma de ser tão grata à vida, de valorizar as pequenas coisas, de não perder a essência e de ajudar pessoas a mudar suas histórias. Talvez tenha sido isso o que me trouxe até aqui e me fez crescer como pessoa e profissional.

Tenho muito orgulho da mulher e empresária que me tornei, e agora, mais do que nunca, eu quero ajudar você!

Prometo abrir a minha fábrica e as minhas lojas para você nas próximas páginas.

E, no final, você vai poder constatar que realmente a confeitaria Mara Cakes é assim: sempre simples, prática e objetiva. Sem firulas!

INTRODUÇÃO
Vamos lá!

Apresento a você como funciona a minha fábrica e as receitas utilizadas para abastecer três lojas. Nem sempre quantidade é garantia de sucesso. Eu aposto ainda mais em qualidade hoje, e tenho ótimos resultados.

Proponho um cardápio simples, enxuto nas opções de receitas, extenso nas preparações e muito saboroso e bem executado na apresentação. Nesse sentido, definir o cardápio e executá-lo com excelência é a chave.

Recomendo não atirar para todos os lados, querendo vender tudo, só porque algo está na moda ou porque o concorrente lançou. Não faça isso! Tenha foco no que seu público mais ama e faça isso bem-feito.

Faça pouco, mas faça bem-feito! Não tente abraçar o mundo, ou vai se perder nele.

É preciso também definir seu tipo de público. Entender o gosto dele. Esse é um processo muito importante. Trabalhe exclusivamente para agradá-lo e ter lucratividade.

Você não precisa provar para ninguém nas redes sociais que tem mil receitas e modelos diferentes só para encher o *feed* do Instagram de fotos. Não precisa oferecer centenas de sabores, nem provar que fez todos os cursos da internet e, por isso, se cobrar demais por sucesso.

Esqueça as firulas e os padrões que muitas vezes nossa própria mente e as redes sociais impõem, acreditando que aquilo é real e correto.

Vamos para a realidade! Não existe mágica. Dois mais dois serão sempre quatro.

Nada vai deixar você realizado ou realizada da noite para o dia na confeitaria se você não se organizar na produção, precificar corretamente e se dedicar muito.

Já vi muitos confeiteiros não usarem ficha técnica e não calcularem o custo de tudo o que usaram, inclusive o tempo, simplesmente vendendo pelo preço praticado por um amigo de outro estado, o qual conheceram na internet. Ninguém pode fazer seu custo! Até porque existe diferença de uma região para outra. E faz diferença também se a pessoa compra direto do distribuidor. O outro não sabe se você compra bem, se paga mais caro porque não tem demanda ou se vai ao supermercado e compra só a lista daquela encomenda.

Se você vende muito, automaticamente seu custo é menor. O que mais dilui custo é venda. Calcule tudo!

Não pense que, em todo produto, você vai ter a mesma porcentagem de lucro. Há produtos com os quais você vai conseguir uma maior lucratividade. Concentre-se em divulgar mais esses produtos para vendê-los mais.

Tenha organização sempre, não faça por fazer! Às vezes, vejo alunos pagando para trabalhar e fico arrasada. É preciso se valorizar. No início, podem não gostar, mas logo vão entender que o seu produto é diferenciado. Venda valor, não preço! Não queira ser reconhecido por ser o mais barato, mas por ser o melhor.

Quando digo organizar, digo no modo geral, porque, ao fazer as coisas de forma organizada, trabalha-se menos e ganha-se muito mais.

Veja o exemplo da minha equipe. Nós temos um cronograma de produção em que os dias que iniciam a semana são para estocar as bases de massas e recheios para o fim de semana.

Quando eu digo bases, quero dizer, por exemplo, um recheio branco e um ao leite, que são os mais utilizados na minha produção.

No fim de semana, não se deve perder tempo fazendo brigadeiros. Sempre digo: fim de semana, panela não roda. O nosso tempo deve ser otimizado para a montagem. Imagine a quantidade de bolos que você conseguirá vender em um fim de semana se já tiver massa assada e recheio pronto! Ou você acha que quem tem demanda alta assa todos os bolos no mesmo dia?

Essa forma de produzir com antecedência não causará a perda da qualidade, nem do sabor. O segredo é armazenar muito bem.

Mas, agora, chega de papo e vamos comigo para as receitas, pois falarei um pouco de nosso processo em cada uma delas.

Vamos entrar na fábrica Mara Cakes e ver tudo que é produzido lá? Você vai notar que, com poucas receitas, consigo criar diversos sabores e diferentes tipos de sobremesas.

Bolos caseiros

Bolos caseiros

ESCOLHI COMEÇAR POR ELES.

Não tem quem não aprecie! E é sempre o caminho mais fácil para iniciar um negócio na confeitaria. O investimento é mais baixo e o resultado pode ser surpreendente.

Eu, muitas vezes, consigo vender mais de 300 bolos caseiros por dia. E minhas lojas estão localizadas no interior do estado de São Paulo, em uma cidade com 250 mil habitantes apenas. Não estão na capital.

Existem muitas confeiteiras na cidade. Muitas são minhas alunas. Falo isso para deixar claro que bolo nunca é demais e sempre tem espaço!

Vulcão de baunilha

Ingredientes
- 6 ovos
- 300 g de açúcar refinado
- 240 g de leite
- 60 g de óleo
- 1 colher de café de essência de baunilha
- 340 g de farinha de trigo
- 15 g de fermento em pó

Modo de preparo
Na batedeira, bata os ovos e o açúcar até dobrar de volume. Depois acrescente o leite, o óleo e a essência de baunilha em fio, com a velocidade baixa, até que se misturem. Diminua a velocidade da batedeira e acrescente todos os ingredientes secos. Desligue a batedeira e termine de mexer com um fouet. Distribua a massa na fôrma untada com desmoldante líquido.

Temperatura
Assar a 180 °C por 35 minutos.

Rendimento
Fôrma suíça 22 × 9 cm, 950 g

COBERTURA
Ninho cremoso

DECORAÇÃO
Ninho polvilhado

Vulcão de chocolate

Ingredientes

- 5 ovos
- 270 g de açúcar refinado
- 240 g de leite
- 60 g de óleo
- 300 g de farinha de trigo
- 50 g de cacau em pó 50%
- 15 g de fermento em pó
- 5 g de bicarbonato

Modo de preparo

Na batedeira, bata os ovos e o açúcar até dobrar de volume. Depois acrescente o leite e o óleo em fio, com a velocidade baixa, até que se misturem. Diminua a velocidade da batedeira e acrescente todos os ingredientes secos. Desligue a batedeira e termine de bater com um fouet. Distribua a massa em fôrmas untadas com desmoldante líquido.

Temperatura
Assar a 180 °C por 35 a 45 minutos.

Rendimento
Fôrma suíça 22 × 9 cm, 950 g

COBERTURA
Ao leite cremoso

DECORAÇÃO
Granulado de chocolate ao leite belga

Vulcão de cenoura

Ingredientes
- ☑ 3 ovos
- ☑ 300 g de cenoura fatiada
- ☑ 200 mL de óleo
- ☑ 340 g de açúcar refinado
- ☑ 240 g de farinha de trigo
- ☑ 15 g de fermento em pó

Modo de preparo
No liquidificador, bata os ovos, a cenoura, o óleo e o açúcar até formar uma mistura homogênea. Em um recipiente, coloque essa mistura e, com um fouet, vá adicionando aos poucos a farinha de trigo e, por último, o fermento em pó. Distribua a massa na fôrma untada com desmoldante líquido.

Temperatura
Assar a 180 °C por 40 minutos.

Rendimento
950 g

COBERTURA
Brigadeiro ao leite

DECORAÇÃO
Confeitos de chocolate ao leite split

[**MASSA** Chocolate

COBERTURA Ninho cremoso

DECORAÇÃO Ninho polvilhado]

Choconinho

Sobre a produção

Com apenas três massas, é possível criar diferentes sabores, trocando as coberturas ou simplesmente saborizando. Por exemplo, a massa branca de baunilha pode ser saborizada de limão, laranja ou coco, e podem ser adicionados castanhas, chocolate forneável e até frutas, como o mirtilo, que está em alta.

A massa de chocolate pode ser coberta com chocolate ou com Ninho para virar o choconinho.

Além disso, podem ser produzidos bolo vulcão, bolo pool cake e caseirinhos em fôrmas forneáveis usando a mesma massa!

Pool cake pistache

Massa
Chocolate

Cobertura
Brigadeiro de pistache

Fôrma ballerine 22 × 6 cm

Pool cake chocolate

Massa
Chocolate

Cobertura
Brigadeiro ao leite cremoso

Fôrma ballerine 22 × 6 cm

Pool cake Ninho

Massa
Baunilha

Cobertura
Brigadeiro de Ninho cremoso

Fôrma ballerine 22 × 6 cm

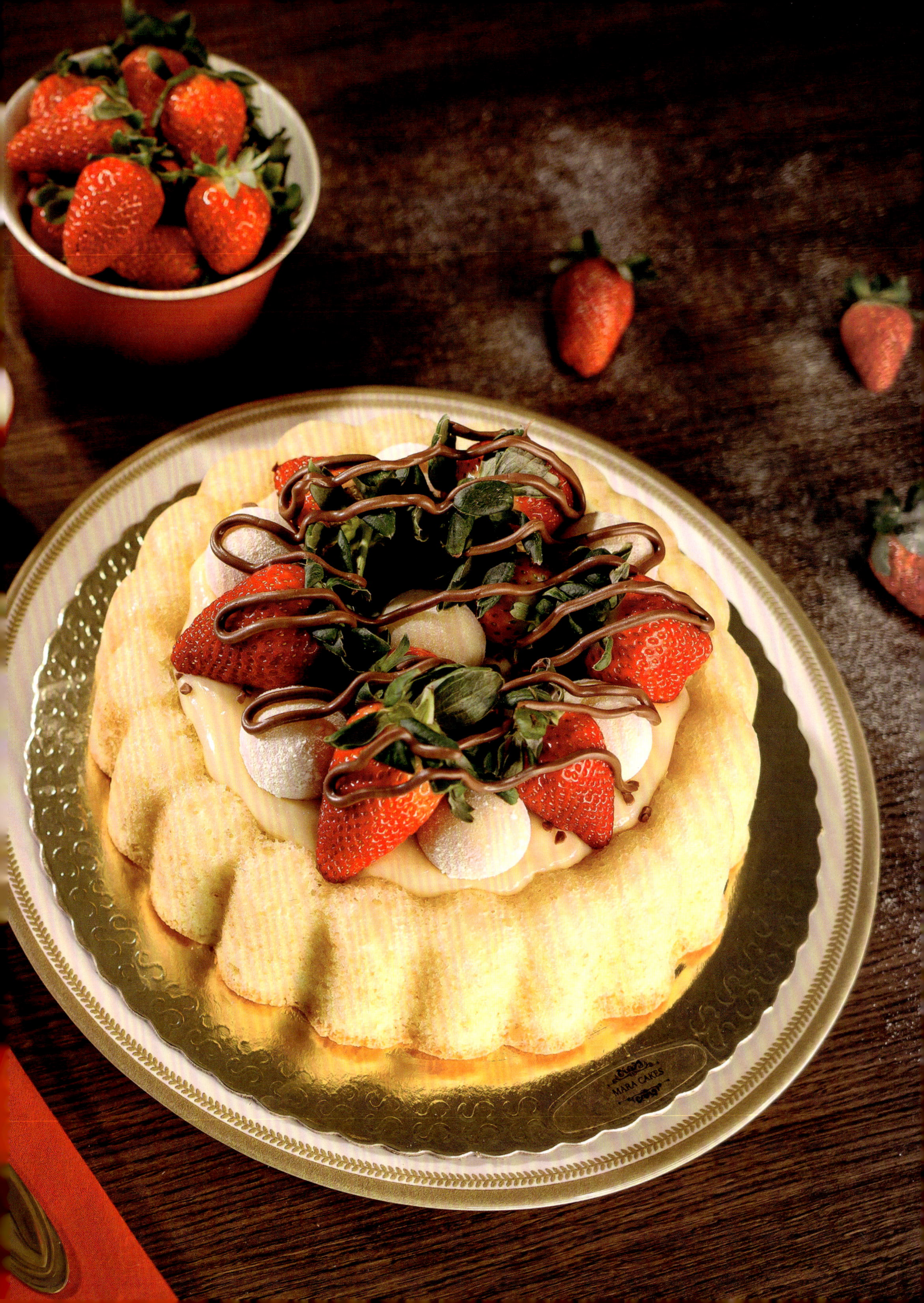
MARA CAKES

Pool cake cenoura

Massa
Cenoura

Cobertura
Brigadeiro ao leite cremoso

Fôrma ballerine 22 × 6 cm

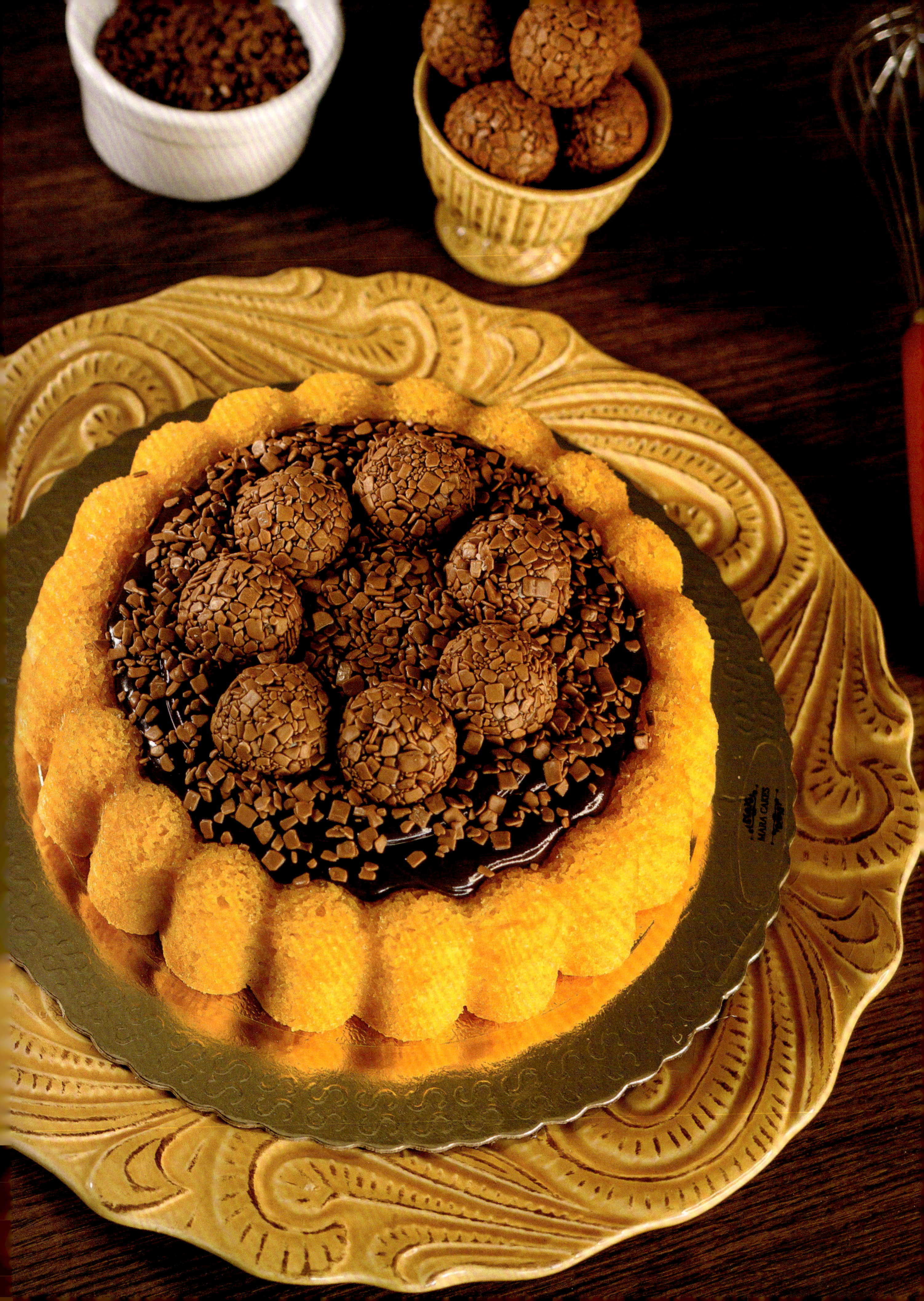
MARA CAKES

Massas favoritas

Para bolos e minibolos! Podem ser assadas em aros de diversos tamanhos e em placas de 60 × 40 cm.
Para minibolos, uso aro 8. Para bolos maiores, nosso carro-chefe é o aro 15.

Estas são as principais massas. Com elas, abrimos um leque de possibilidades.

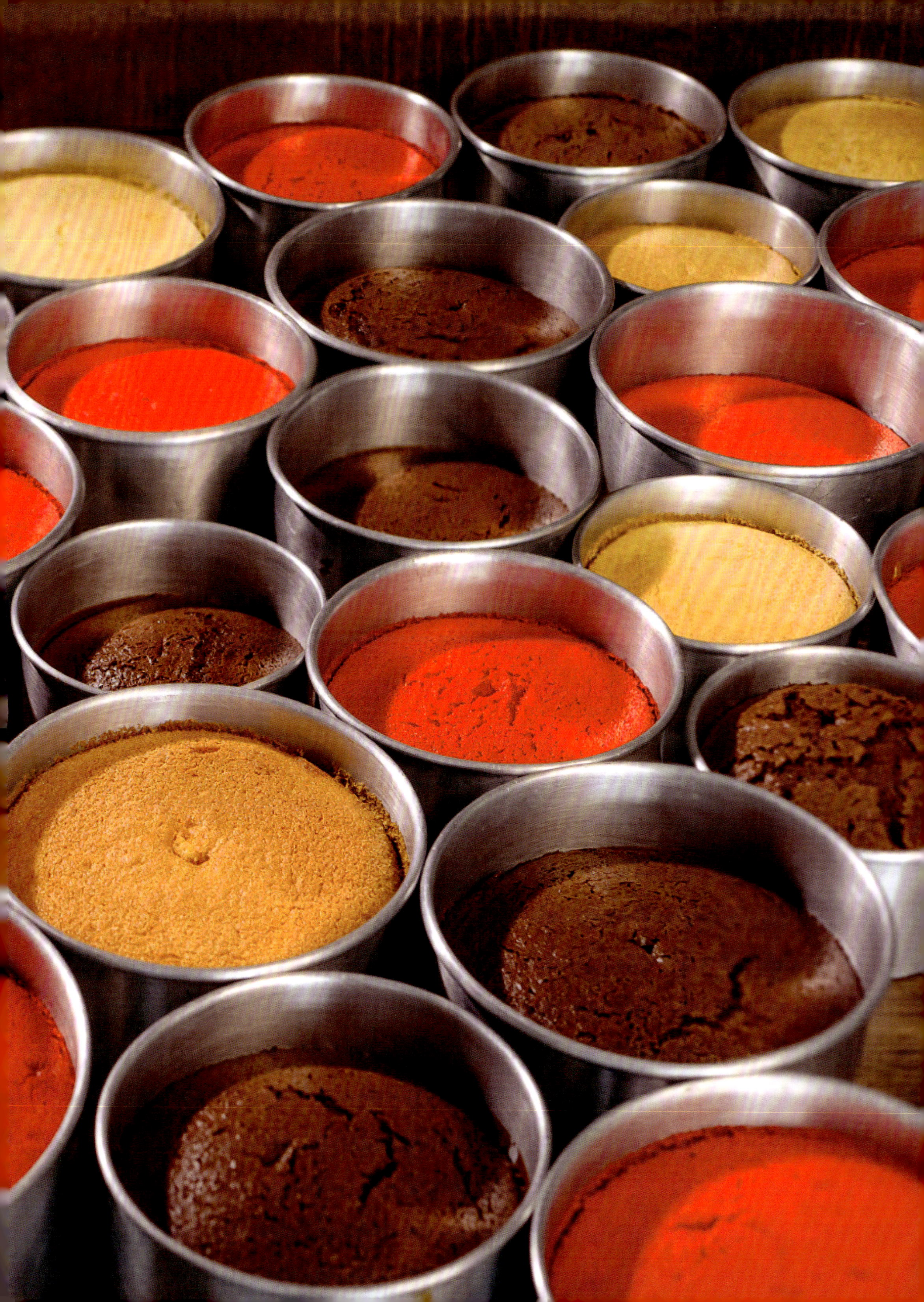

Massa branca

Ingredientes

- 5 ovos
- 280 g de açúcar refinado
- 240 g de leite líquido integral
- 60 g de óleo
- 1 colher de café de essência de baunilha
- 300 g de farinha de trigo
- 15 g de fermento em pó

Modo de preparo

Na batedeira, bata os ovos e o açúcar até dobrar de volume. Depois acrescente o leite, o óleo e a essência de baunilha em fio, com a velocidade baixa, até que se misturem. Diminua a velocidade da batedeira e acrescente todos os ingredientes secos. Desligue a batedeira e termine de bater com um fouet. Despeje a massa na assadeira previamente untada com desmoldante e papel-manteiga.

Temperatura

Assar a 180 °C por 30 a 40 minutos.

Rendimento

3 fôrmas redondas 15 × 7 cm, aproximadamente 1,05 kg

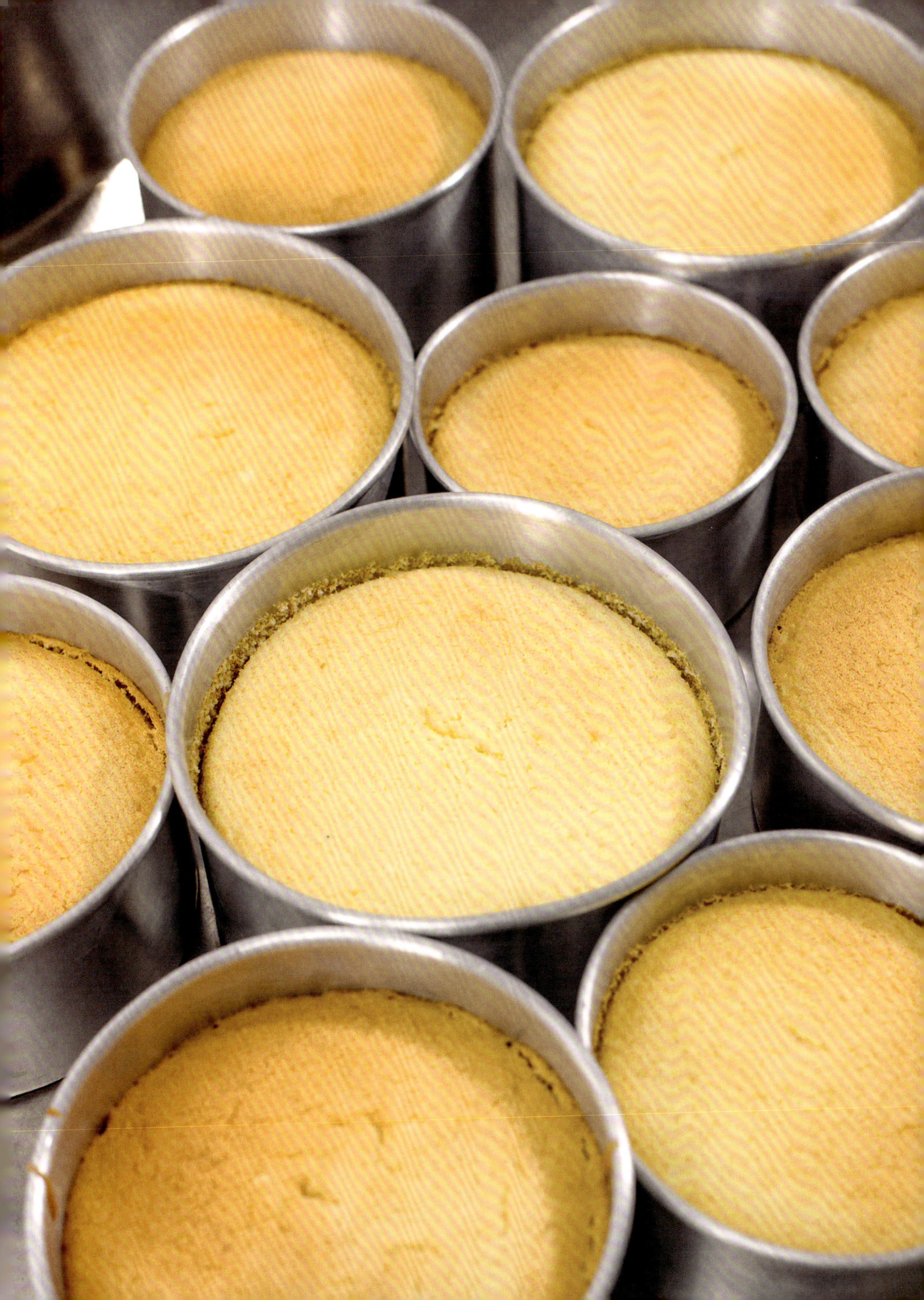

Massa de chocolate

Ingredientes
- 6 ovos
- 280 g de açúcar refinado
- 240 g de leite líquido integral
- 60 g de óleo
- 300 g de farinha de trigo
- 100 g de cacau em pó 50%
- 15 g de fermento em pó
- 5 g de bicarbonato

Modo de preparo
Na batedeira, bata os ovos e o açúcar até dobrar de volume. Depois acrescente o leite e o óleo em fio, com a velocidade baixa, até que se misturem. Diminua a velocidade da batedeira e acrescente todos os ingredientes secos. Desligue a batedeira e termine de bater levemente com um fouet. Despeje a massa na assadeira previamente untada com desmoldante e papel-manteiga.

Temperatura
Assar a 180 °C por 30 a 40 minutos.

Rendimento
3 fôrmas redondas 15 × 7 cm, aproximadamente 1,1 kg

[PARA FORNO INDUSTRIAL
130 °C por 20 min]

Red velvet

Ingredientes

- 30 g de suco de limão-taiti
- 250 g de leite integral
- 4 ovos
- 360 g de açúcar refinado
- 180 g de manteiga sem sal
- 15 g de corante em gel vermelho-morango
- 15 mL de vinagre de maçã
- 360 g de farinha de trigo
- 10 g de cacau em pó 100%
- 10 g de fermento em pó

Modo de preparo

Esprema o suco de limão no leite, mexa e deixe descansar por 15 minutos. Separe as claras das gemas. Bata as claras em neve e reserve. Na batedeira, bata as gemas com o açúcar e a manteiga até formar um creme homogêneo e claro. Acrescente o corante em gel e o vinagre a esse creme e bata em velocidade baixa. Continue batendo na velocidade mínima da batedeira e vá acrescentando aos poucos os ingredientes secos junto com o leite. Bata por mais alguns instantes.

Com um fouet, acrescente delicadamente as claras em neve e misture. Despeje a massa na assadeira previamente untada com desmoldante e papel-manteiga.

Temperatura
Assar a 180 °C por 40 minutos.

Rendimento
3 fôrmas redondas 15 × 7 cm, aproximadamente 1,35 kg

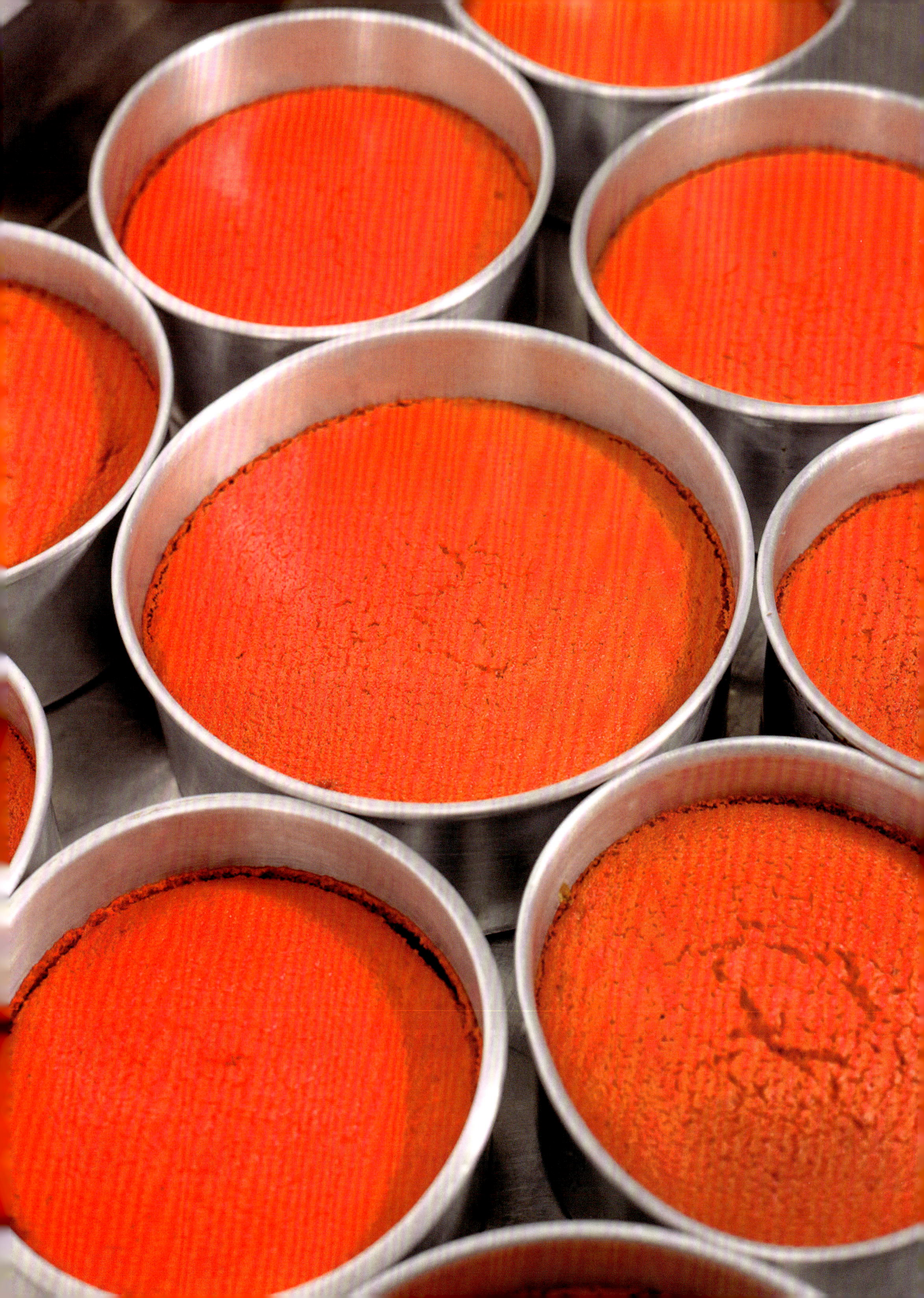

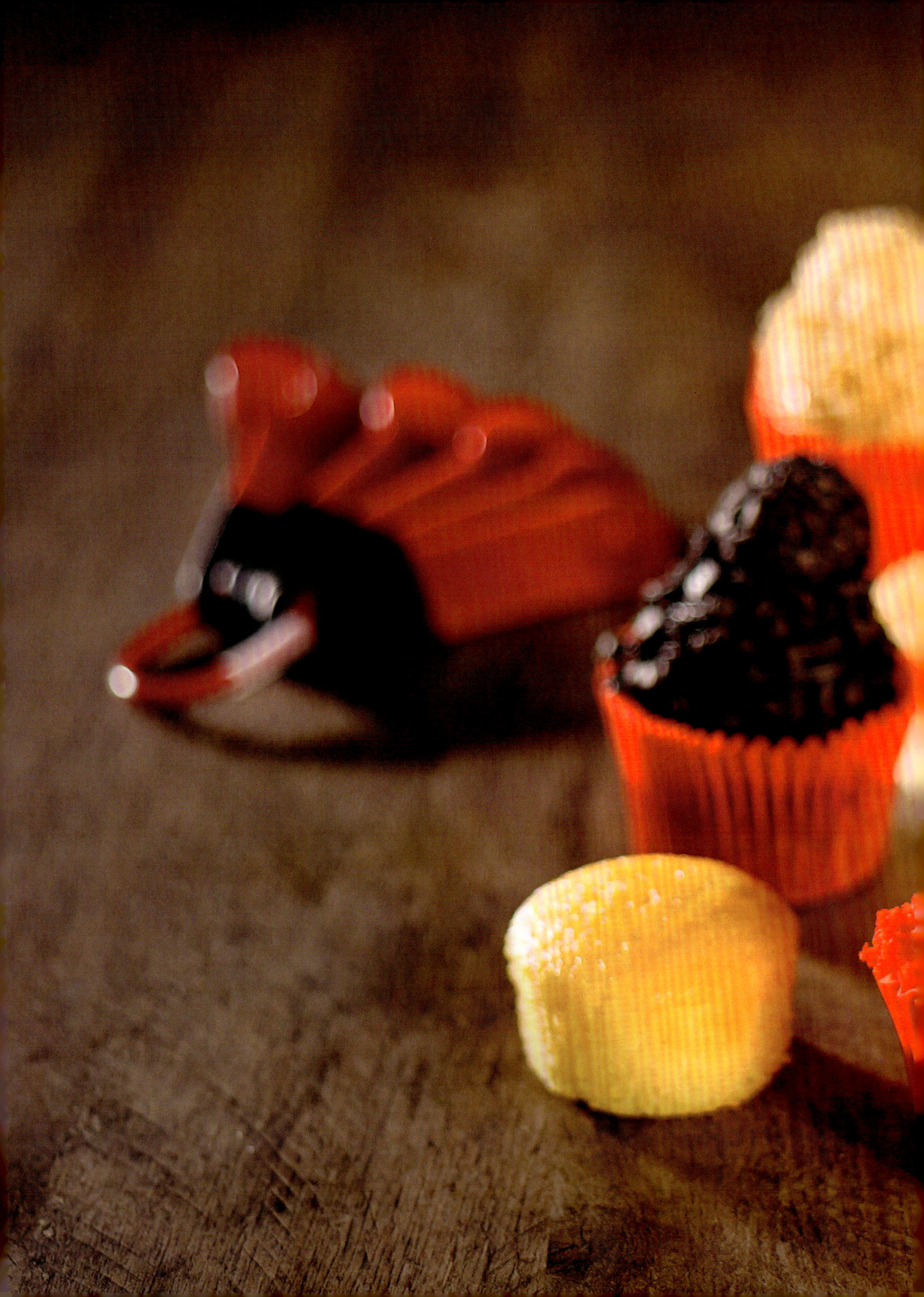

Cupcakes

Cupcake Ninho

Ingredientes
- 3 ovos
- 120 g de óleo
- 200 g de leite em pó
- 200 g de açúcar
- 200 g de farinha de trigo
- 10 g de fermento em pó

Modo de preparo
No liquidificador, bata os ingredientes líquidos com o açúcar por 5 a 7 minutos. Transfira para uma tigela e acrescente os ingredientes secos, mexendo com um fouet até obter uma massa lisa e homogênea.

Temperatura
Assar a 180 °C por aproximadamente 15 minutos.

Rendimento
18 cupcakes de 40 g cada

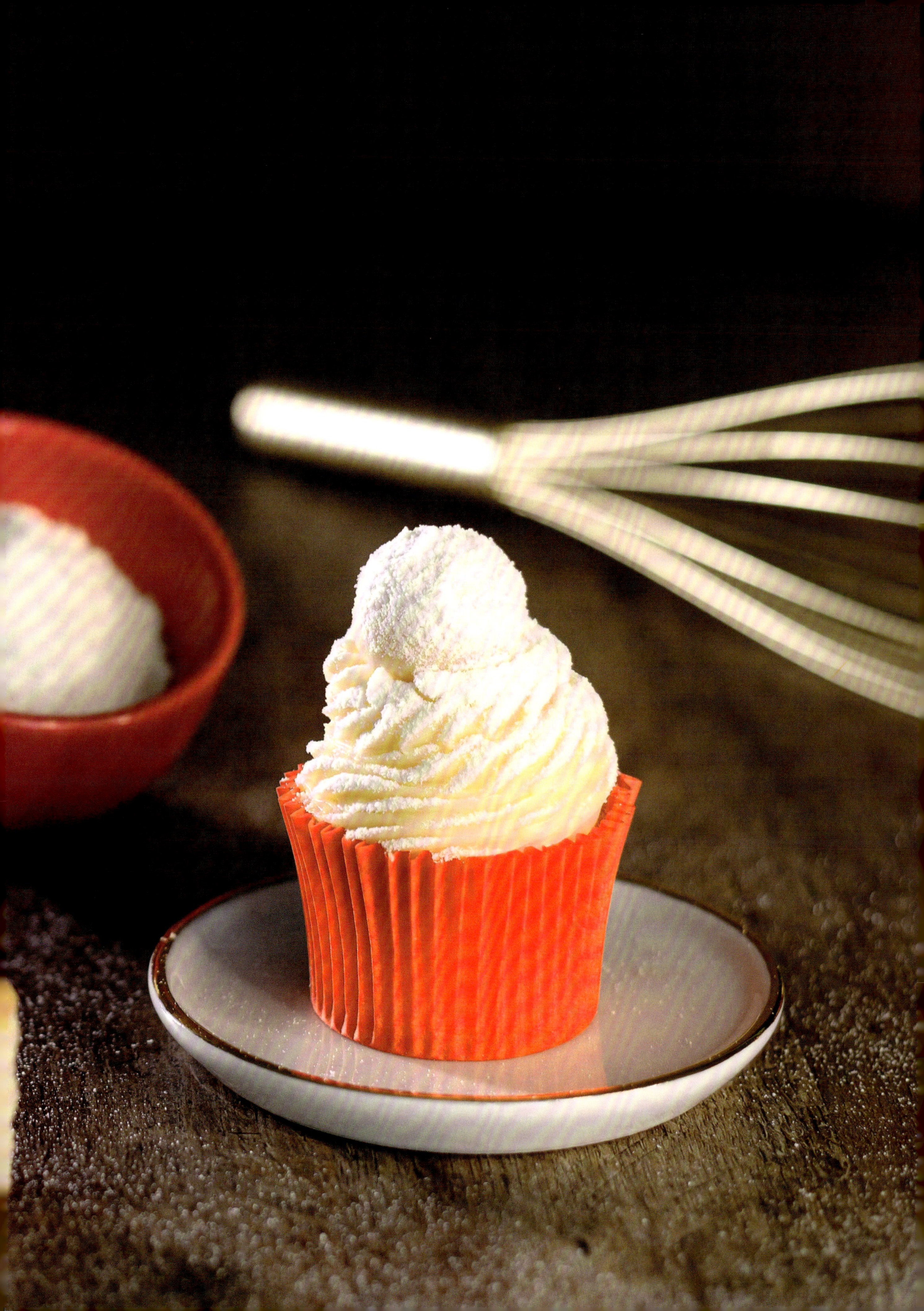

Cupcake red velvet

Ingredientes

- ☑ 15 g de suco de limão-taiti (¹/₂ limão)
- ☑ 250 g de leite integral
- ☑ 4 ovos
- ☑ 360 g de açúcar refinado
- ☑ 180 g de manteiga sem sal
- ☑ 14 g de corante em gel vermelho-morango
- ☑ 15 mL de vinagre de álcool
- ☑ 360 g de farinha de trigo
- ☑ 10 g de cacau em pó 50%
- ☑ 10 g de fermento em pó

Modo de preparo

Esprema o suco de limão no leite, mexa e deixe descansar por 15 minutos. Separe as claras das gemas. Bata as claras em neve e reserve. Na batedeira, bata as gemas com o açúcar e a manteiga até formar um creme homogêneo e claro. Acrescente o corante em gel e o vinagre a esse creme e bata em velocidade baixa. Continue batendo na velocidade mínima da batedeira e vá acrescentando aos poucos os ingredientes secos junto com a mistura de leite com limão reservada. Bata por mais alguns instantes. Com um fouet, acrescente delicadamente as claras em neve e misture.

Temperatura
Assar a 180 °C por 20 minutos.

Rendimento
18 cupcakes de 40 g cada

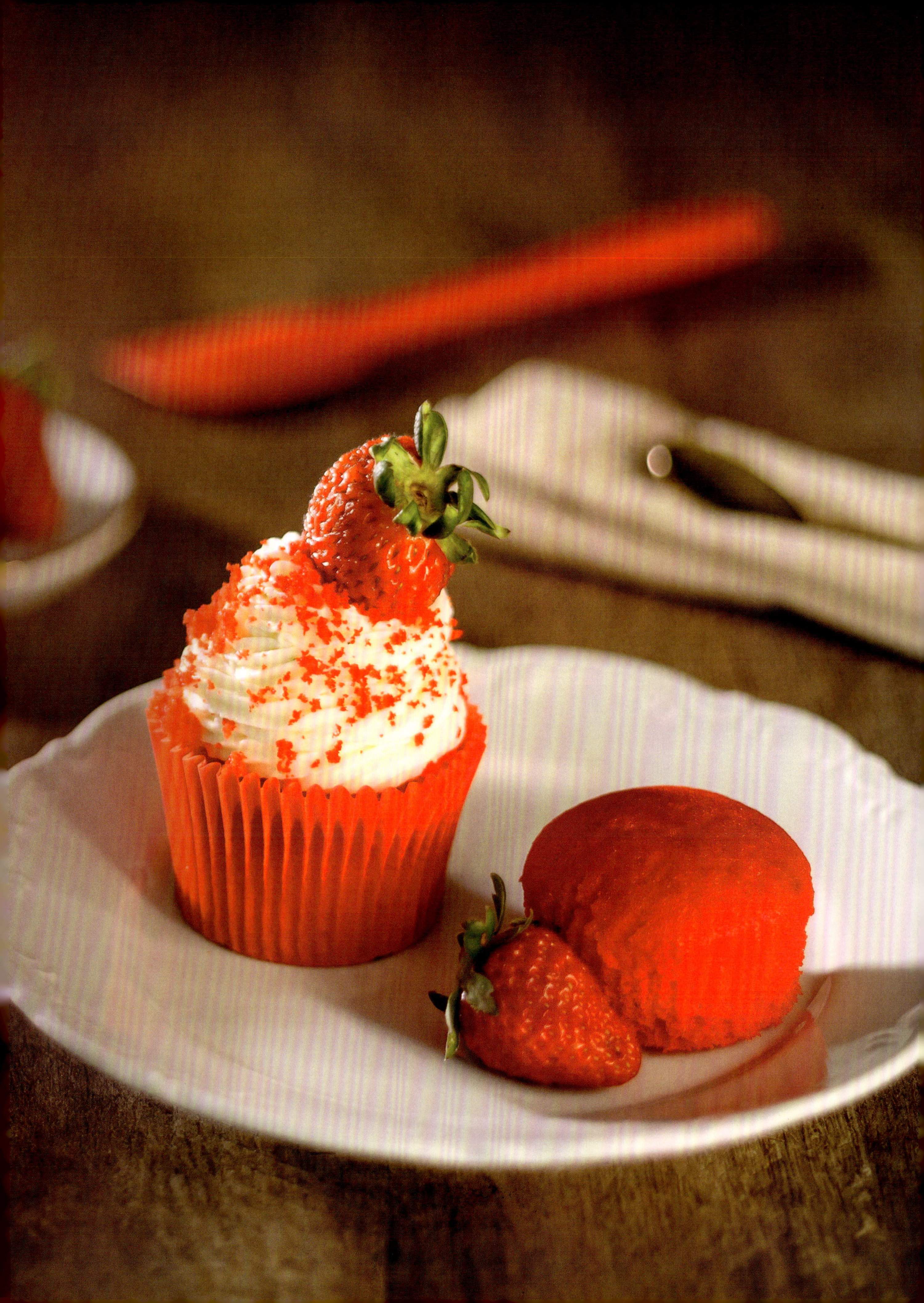

Cupcake de cenoura

Ingredientes
- 200 mL de óleo
- 3 ovos
- 270 g de cenoura fatiada
- 350 g de açúcar refinado
- 240 g de farinha de trigo
- 10 g de fermento em pó

Modo de preparo
No liquidificador, bata o óleo, os ovos, a cenoura e o açúcar. Depois, misture aos ingredientes secos, mexendo com um fouet.

Temperatura
Assar a 180 °C por 15 a 20 minutos.

Rendimento
18 cupcakes de 40 g cada

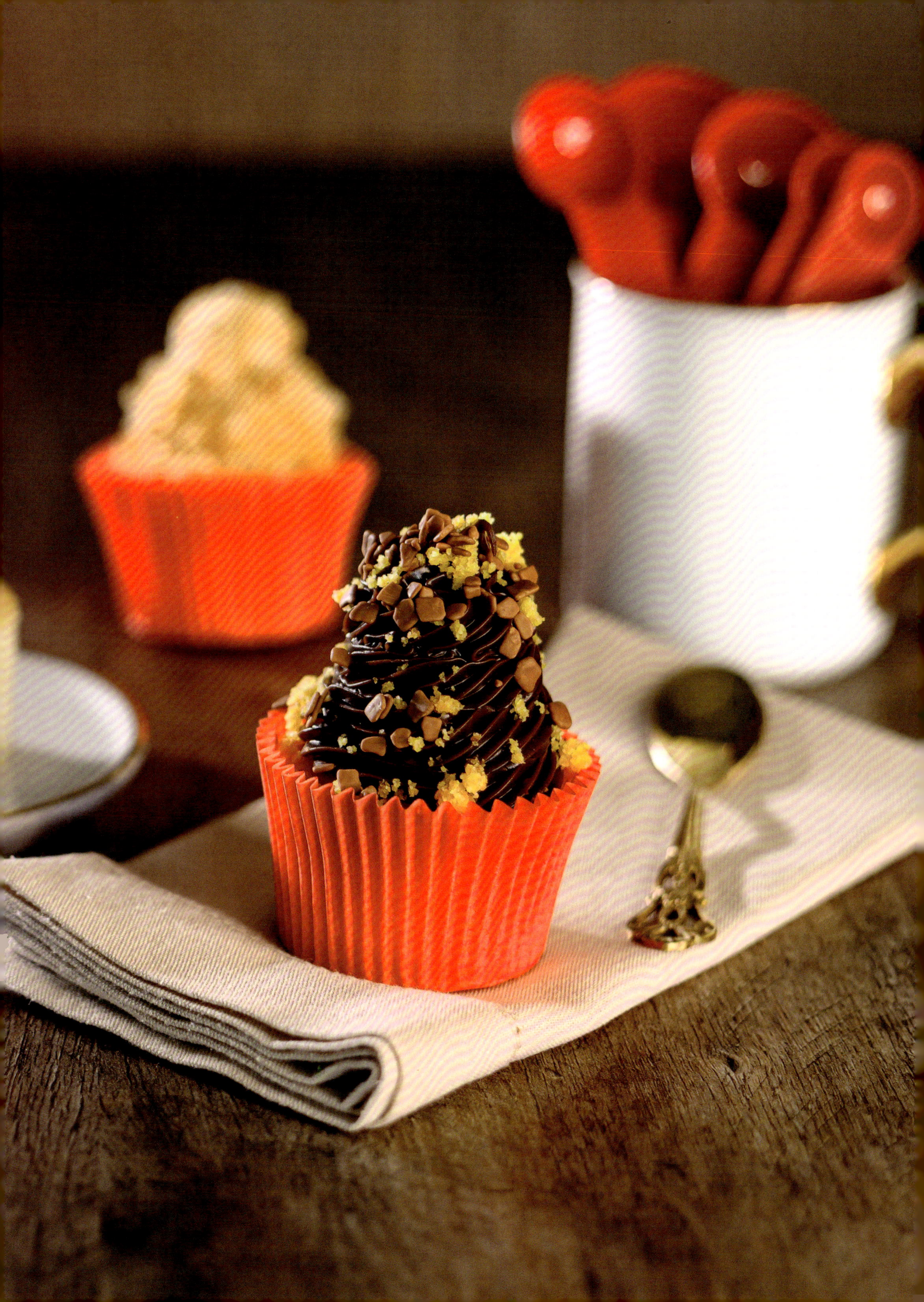

Cupcake de chocolate

Ingredientes
- 3 ovos
- 120 g de óleo
- 200 g de leite
- 200 g de açúcar
- 200 g de farinha de trigo
- 20 g de cacau em pó 50%
- 10 g de fermento em pó

Modo de preparo
No liquidificador, bata os ingredientes líquidos com o açúcar por aproximadamente 5 a 7 minutos. Transfira para uma tigela e acrescente os ingredientes secos, mexendo com um fouet até obter uma massa lisa e homogênea.

Temperatura
Assar a 180 °C por aproximadamente 10 minutos.

Rendimento
18 cupcakes de 40 g cada

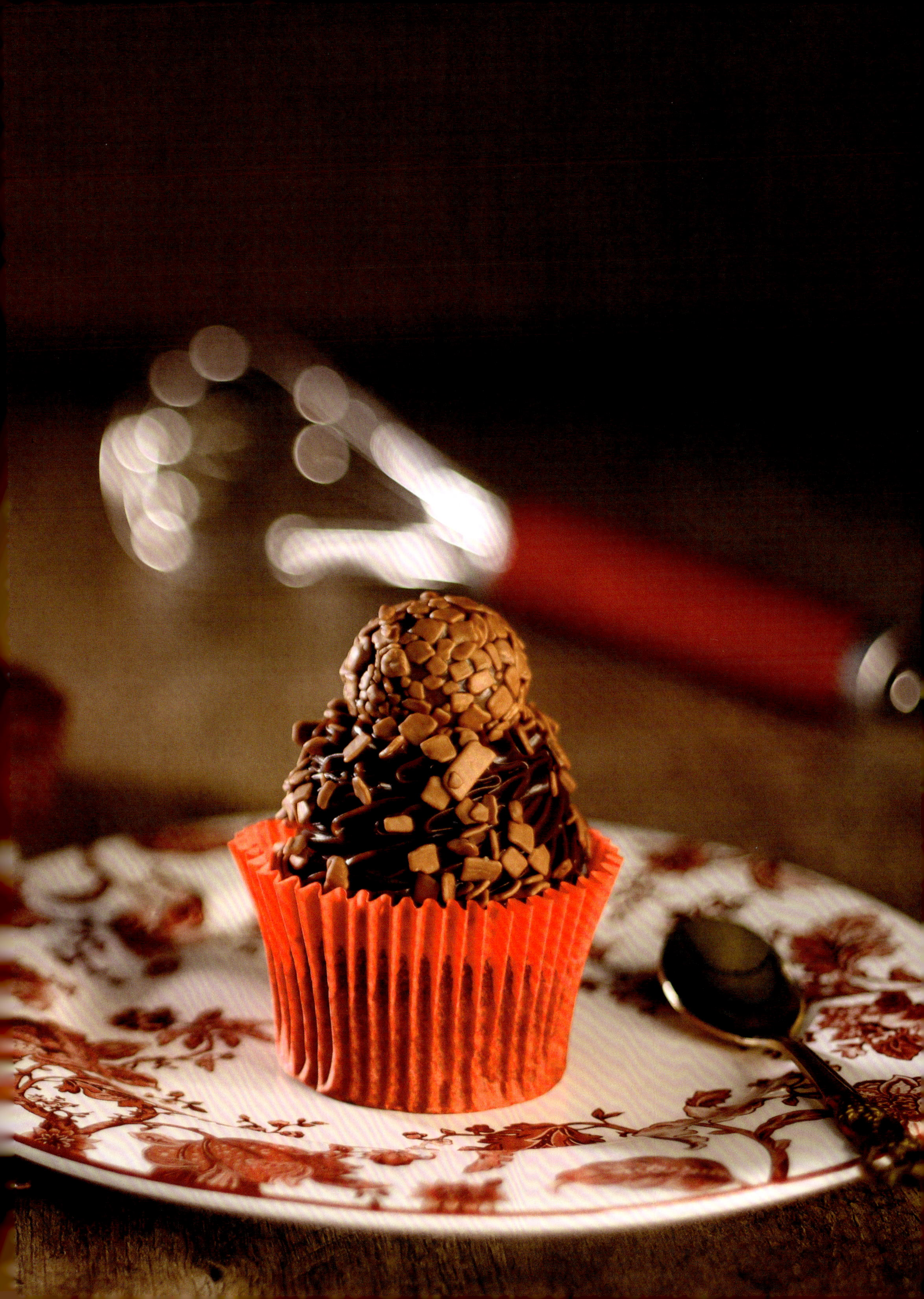

Brownie e suas variações

Com essa mesma receita, pode-se criar muito! Vou dar o exemplo do brownie gourmet.

[Cortar 7 × 7 cm. Banhar no chocolate, com a temperagem já feita. Decorar com fios de chocolate e esperar secar.]

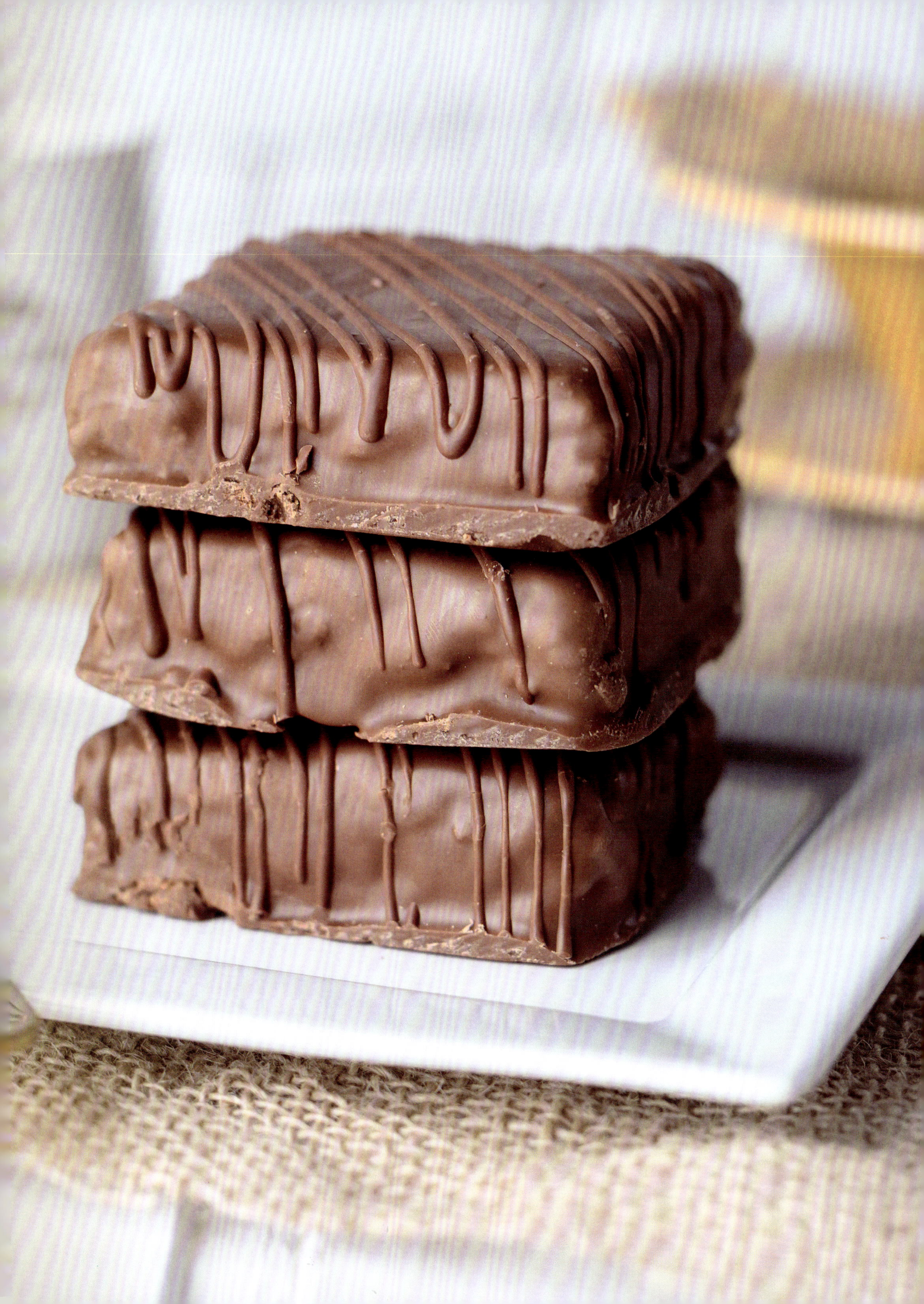

Brownie

Ingredientes

- ☑ 460 g de manteiga sem sal
- ☑ 600 g de chocolate meio amargo em barra
- ☑ 8 ovos
- ☑ 600 g de açúcar refinado
- ☑ 380 g de farinha de trigo
- ☑ 60 g de cacau em pó 100%

Modo de preparo

Derreta a manteiga por 2 minutos no micro-ondas. Derreta o chocolate meio amargo em barra de 45 em 45 segundos no micro-ondas. Em um recipiente, acrescente os ovos, a manteiga derretida e o açúcar, mexendo com um fouet. Em seguida, acrescente a farinha de trigo e o cacau em pó e mexa por mais alguns instantes. Por último, acrescente o chocolate derretido e mexa. Despeje a massa na assadeira previamente untada com desmoldante e papel-manteiga.

Temperatura
Assar a 180 °C por 20 minutos.

Rendimento
1 assadeira de 47 × 34 cm rende 20 porções com o cortador de 7 × 7 cm ou com o cortador redondo de aro 8.

Observação
Acompanhe enquanto está no forno, pois não pode assar muito. O brownie tem a característica de um bolo cru.

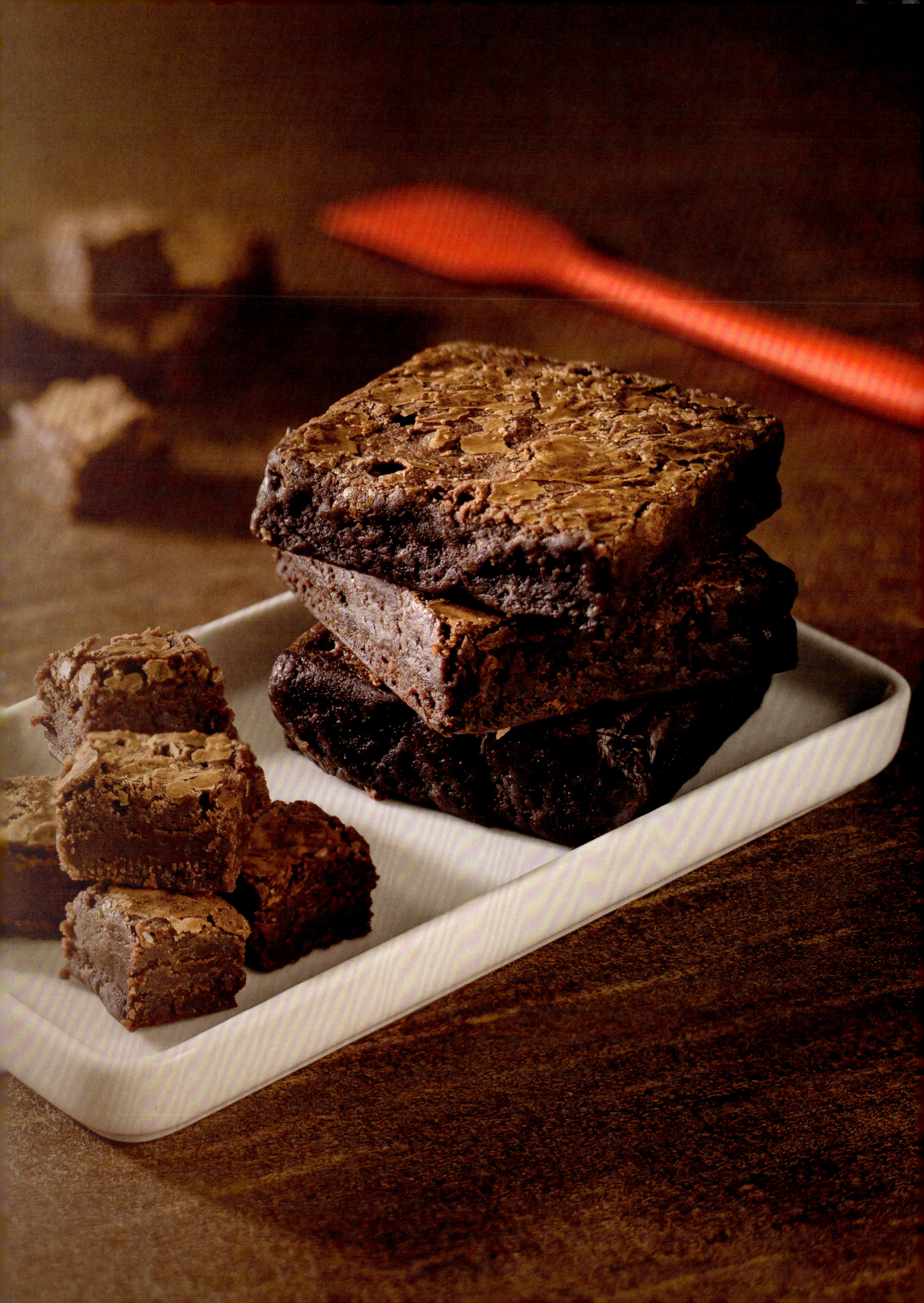

Palha italiana e suas variações

Esta é a receita-base, mas podemos criar novos sabores, ao mudar, por exemplo, o brigadeiro de chocolate por um de Ninho e o biscoito de maisena pelo Negresco.

[Cortar 7 × 7 cm. Banhar no chocolate, com a temperagem já feita. Decorar com fios de chocolate e esperar secar.]

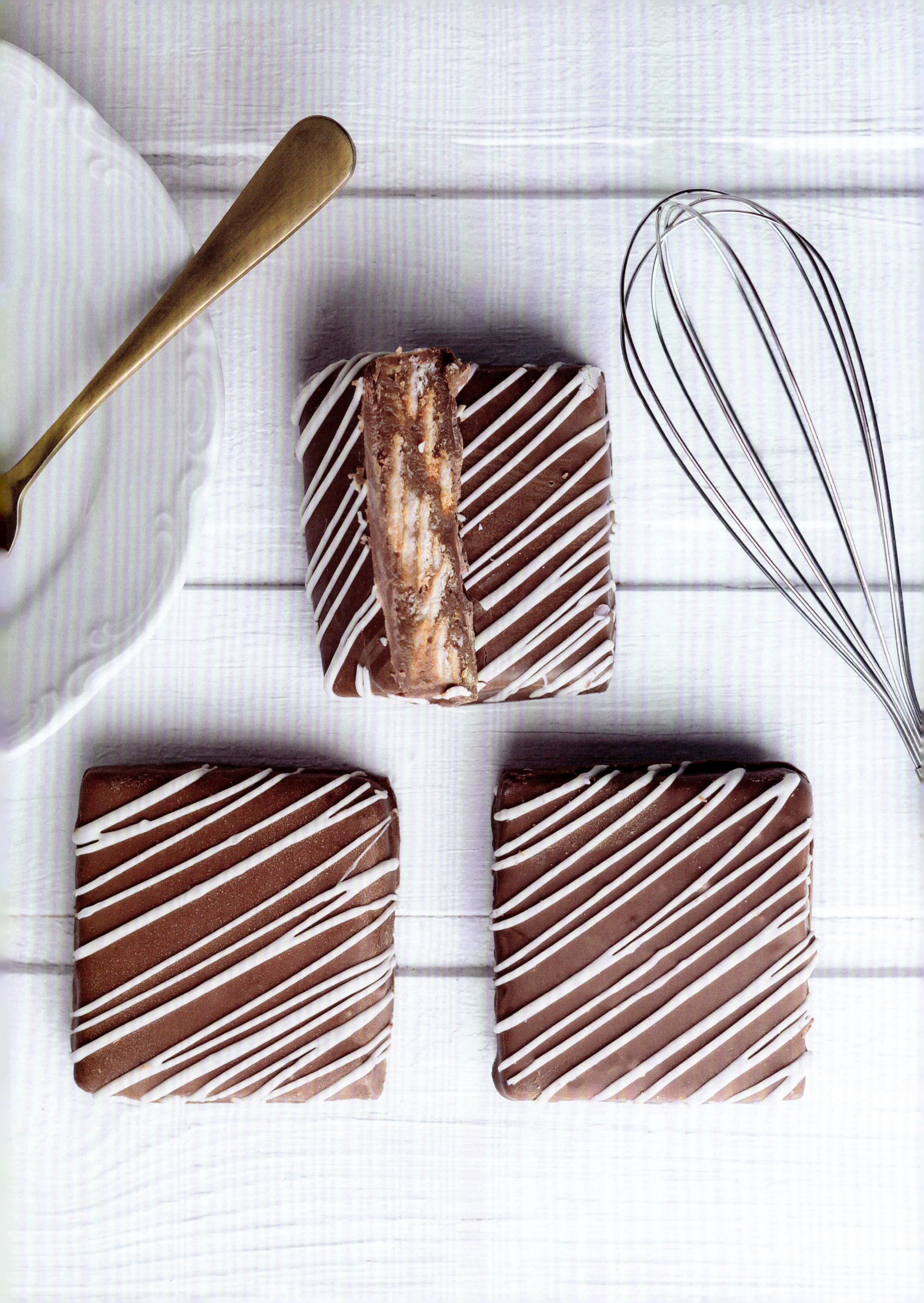

Palha italiana

Ingredientes

- 1,185 kg de leite condensado
- 600 g de creme de leite
- 40 g de manteiga sem sal
- 300 g de chocolate ao leite em barra
- 500 g de biscoito de maisena
- Leite em pó (para empanar as palhas)

Modo de preparo

Com o fogo desligado, acrescente todos os ingredientes na panela, exceto o chocolate em barra e o biscoito. Após misturá-los bem, ligue o fogo na temperatura média e aguarde aquecer a ponto de borbulhar. Assim que borbulhar, acrescente o chocolate ao leite em barra. Quando a massa estiver bem cremosa, desligue o fogo e continue mexendo por alguns minutos. Em seguida, adicione o biscoito. Despeje a receita em uma assadeira forrada com saco plástico, alise com uma espátula para que a massa fique bem uniforme e cubra com saco plástico. Leve a assadeira para gelar até que a massa fique firme. Para finalizar, cubra as palhas com leite em pó.

Rendimento

1 assadeira de 47 × 34 cm rende 20 porções com o cortador de 7 × 7 cm ou com o cortador redondo de aro 8.

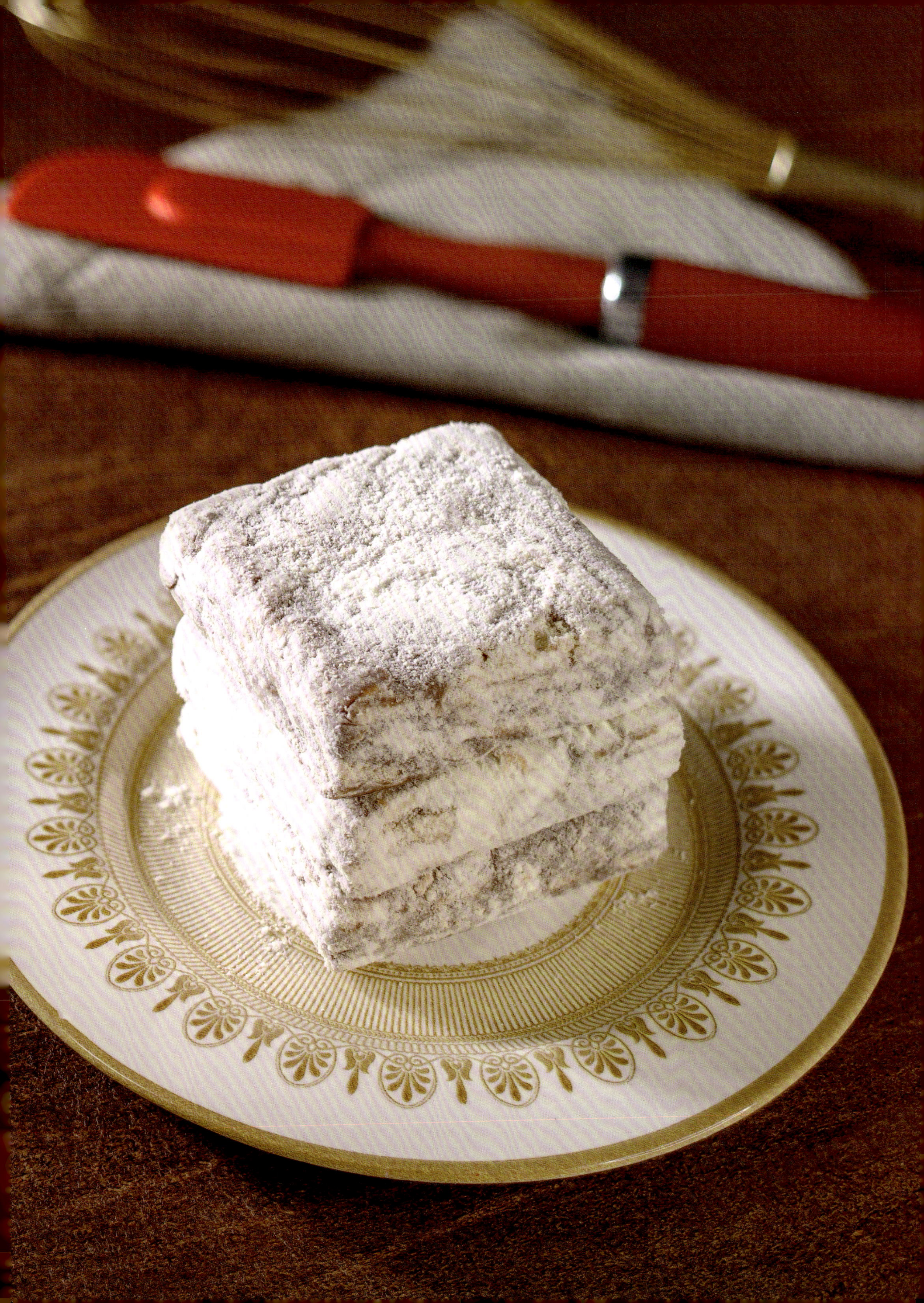

Cheesecakes

Frutas vermelhas
Frutas amarelas
Pistache
Avelã

Base de biscoito

Ingredientes
- 400 g de biscoito de maisena
- 100 g de manteiga sem sal

Modo de preparo
Triture os biscoitos no liquidificador, acrescente a manteiga e bata novamente. Forre a fôrma com papel-manteiga e coloque a massa sobre ele, pressionando com firmeza.

Temperatura
Leve ao forno em 180 °C por mais ou menos 10 minutos.

Rendimento
1 assadeira de 47 × 34 cm rende 20 porções com o cortador de 7 × 7 cm ou com o cortador redondo de aro 8.

Cheesecake

Ingredientes
- 800 g de cream cheese
- 450 g de leite integral
- 6 ovos
- 120 g de manteiga sem sal
- 1 kg de leite condensado

Modo de preparo
Coloque o cream cheese no liquidificador e deixe bater um pouco. Aqueça o leite. Acrescente o leite quente, os ovos e a manteiga e bata até formar um creme. Adicione o leite condensado e continue batendo. Após misturar bem, agregue essa mistura à massa pré-assada e fria.

Temperatura
Leve ao forno em 140 °C e deixe até que o creme esteja firme.

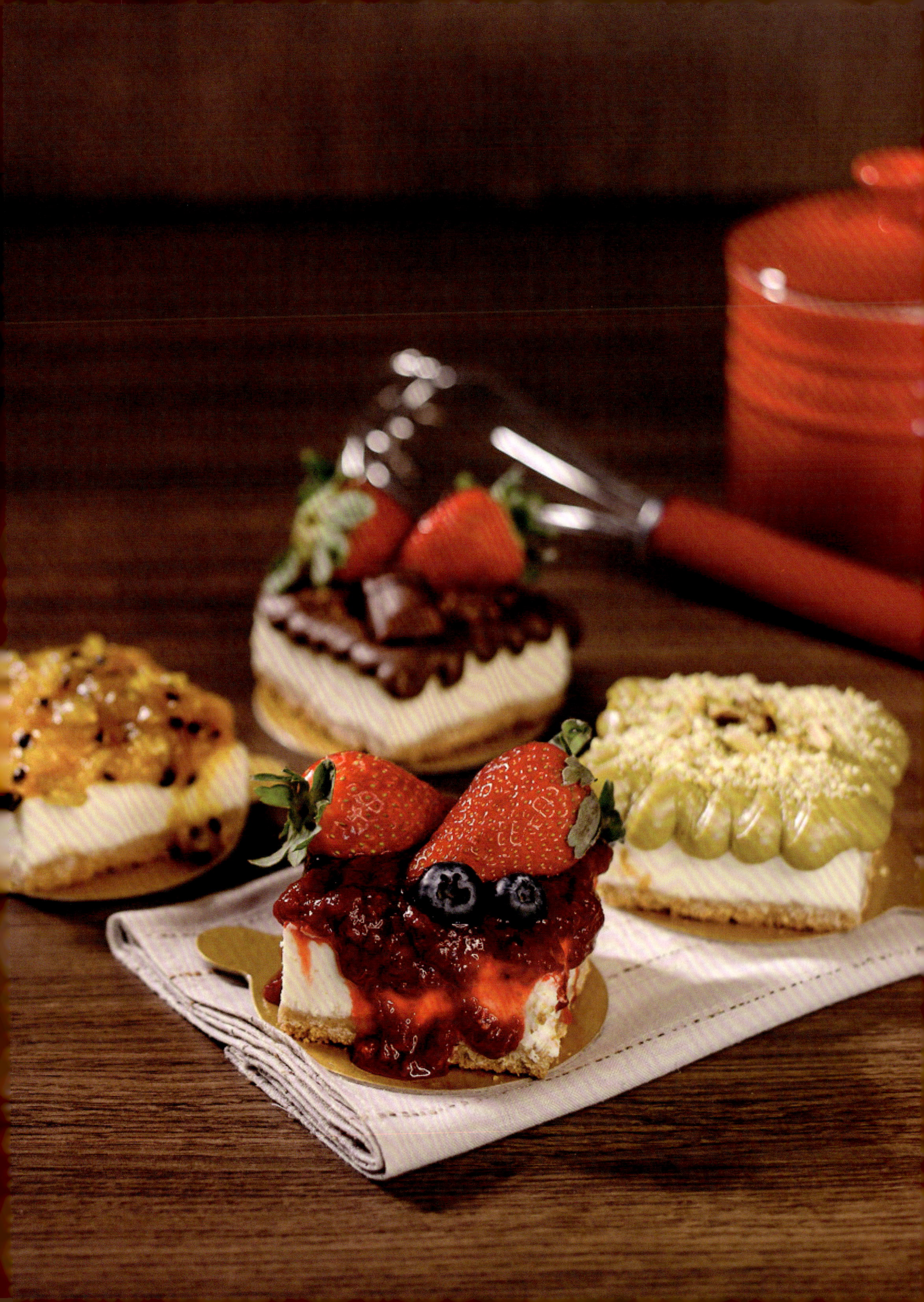

Pudim Mara

Ingredientes
- [x] 6 ovos
- [x] 790 g de leite condensado
- [x] 300 g de leite integral
- [x] 2 g de pasta de baunilha

Calda
- [x] 300 g de açúcar cristal
- [x] 150 g de água

Modo de preparo
No liquidificador, bata todos os ingredientes por 20 minutos e depois deixe descansar por mais 20 minutos. Coloque a calda de caramelo pronta nas fôrmas e despeje a receita sobre ela.
Asse em banho-maria coberto com papel-alumínio, até que o pudim esteja totalmente assado.

Temperatura
180 °C por 40 minutos.

Rendimento
Fôrmas descartáveis
Pudim P – 120 g (10 unidades)
Pudim M – 500 g (2 unidades)
Pudim G – 1,1 kg (1 unidade)

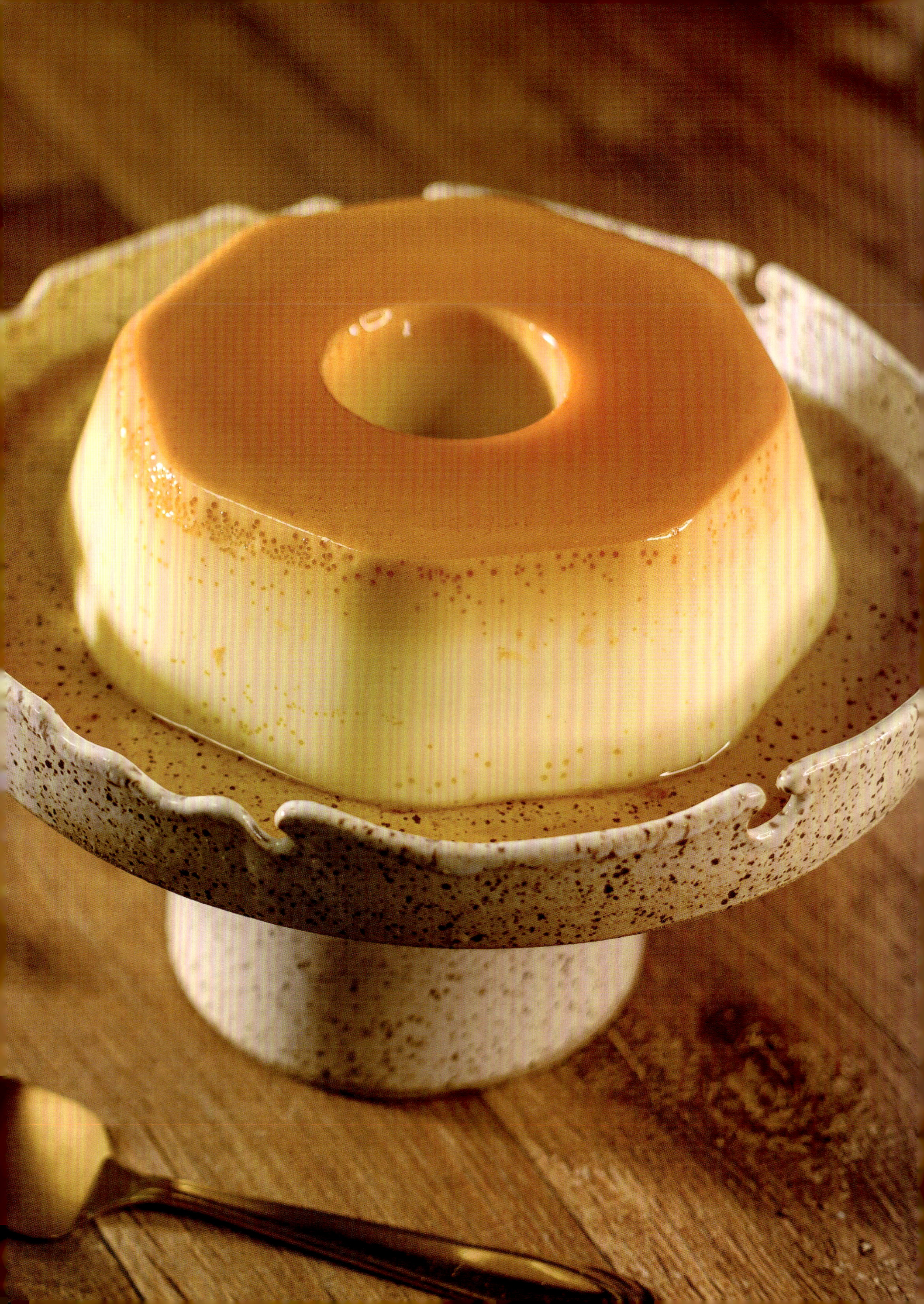

Massa folhada (dicas)

Para otimizar o tempo, sim, usamos massa pronta!
Há ótimas opções no mercado, fresquinhas e caseiras.
Compro as de rolo de 2 kg com 1,5 mm de espessura. Minha
marca favorita é Farine. Supercaseira.

Modo de preparo

Abra a massa e corte o tamanho desejado. Fure bem para
ela não crescer e, desse modo, assar já no tamanho
que será usada! Eu uso cortador de 7 cm.
Depois de assada e com a sobremesa já preparada, cortamos
as pontas com uma tesoura para abrir as camadas.

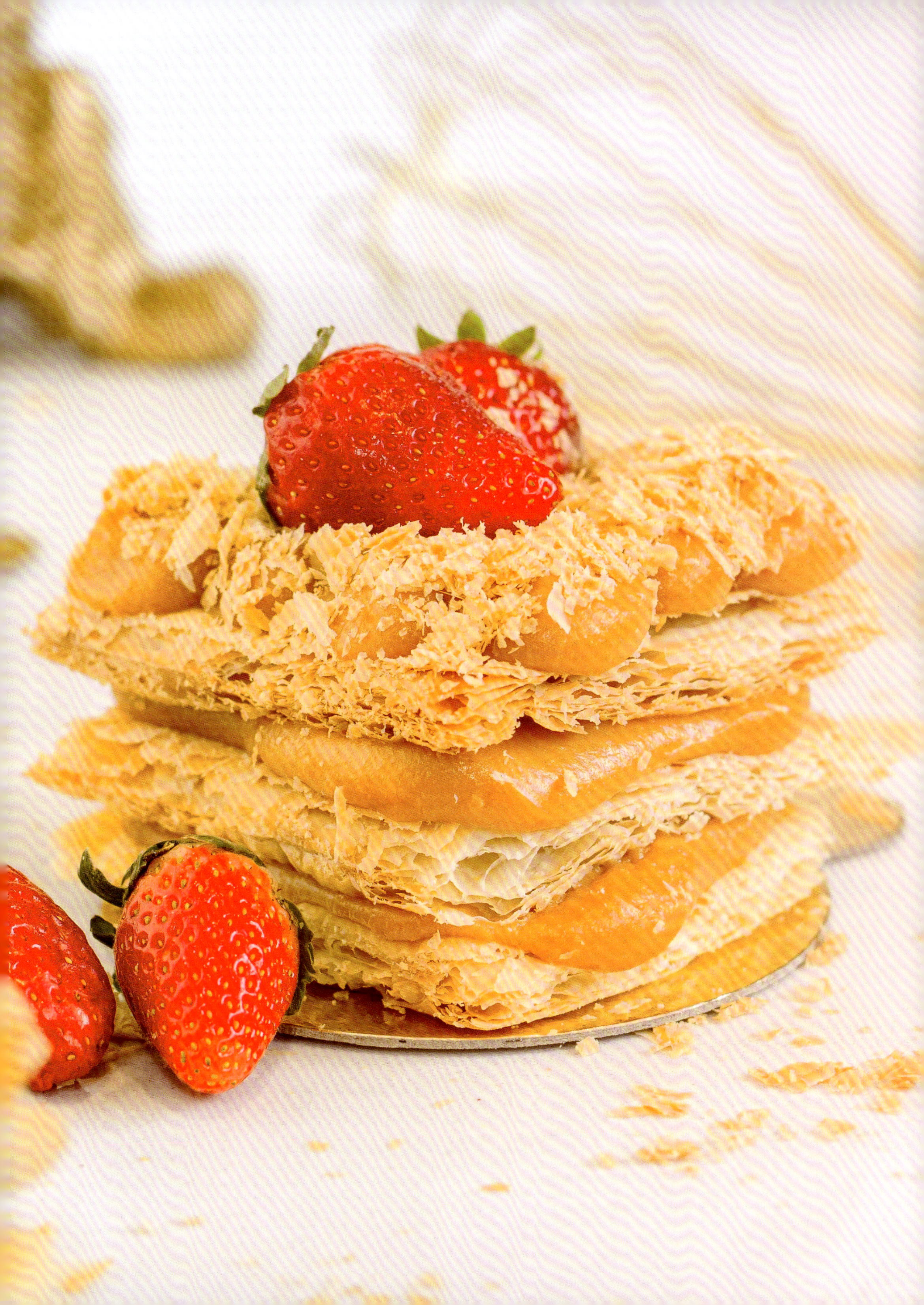

Bases consistentes

Para bolos e preparações que necessitam de recheios estruturados!

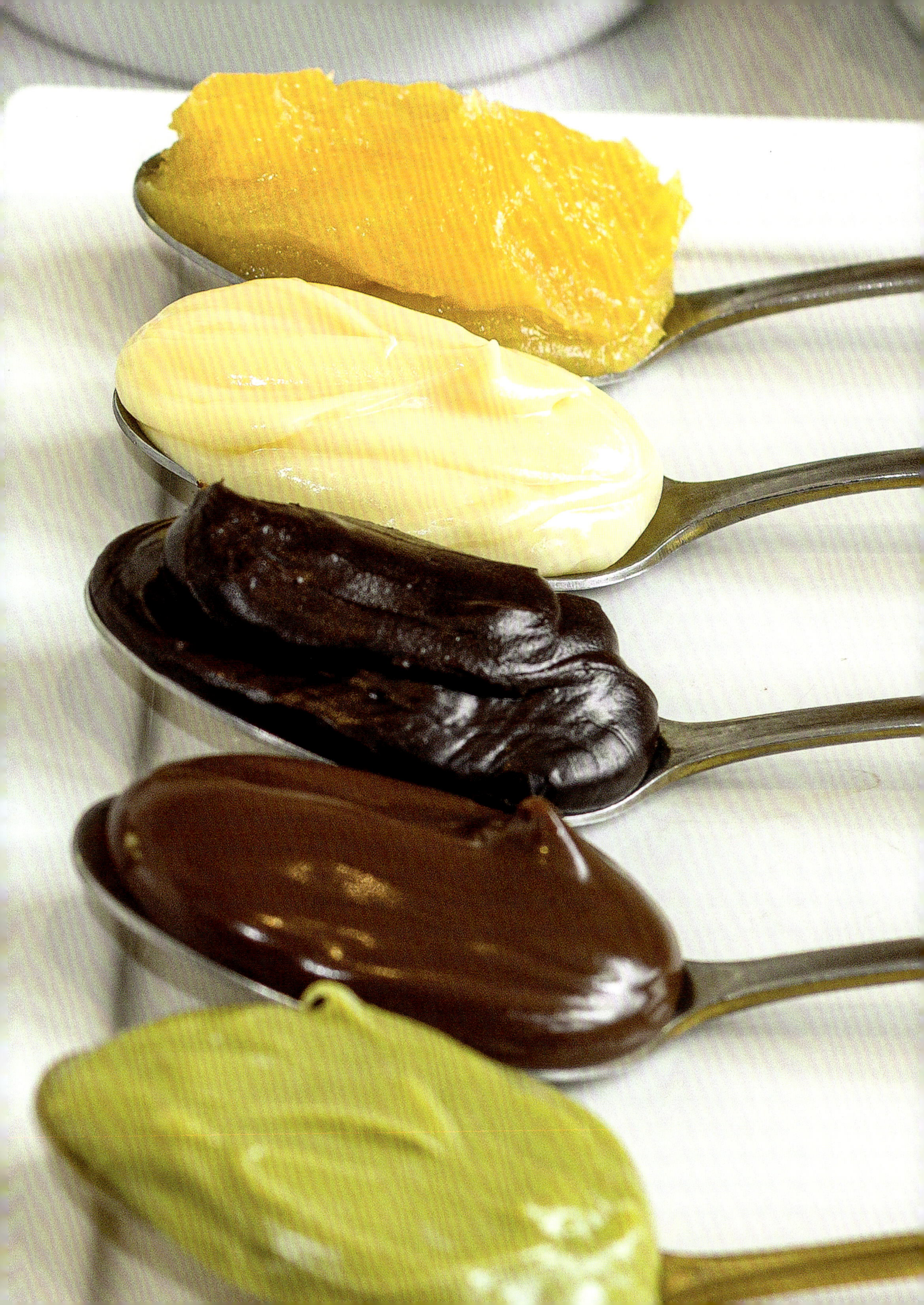

Ao leite

Ingredientes
- 1,185 kg de leite condensado
- 600 g de creme de leite
- 100 g de cacau em pó 50% peneirado
- 100 g de chocolate ao leite em barra
- 10 g de glucose

Modo de preparo
Com o fogo desligado, coloque o leite condensado, o creme de leite e o cacau em pó 50% na panela e misture bem até dissolver todos os ingredientes. Depois, acenda o fogo em temperatura baixa e, somente quando a mistura começar a ferver, acrescente o chocolate ao leite em barra e a glucose.
Após concluir o preparo, embale o recheio em saco de confeitar.

Temperatura
Fogo de médio a baixo por aproximadamente 50 a 60 minutos.

Rendimento
1,9 kg

Observação
O ponto do recheio estará correto quando o brigadeiro cair em bloco.

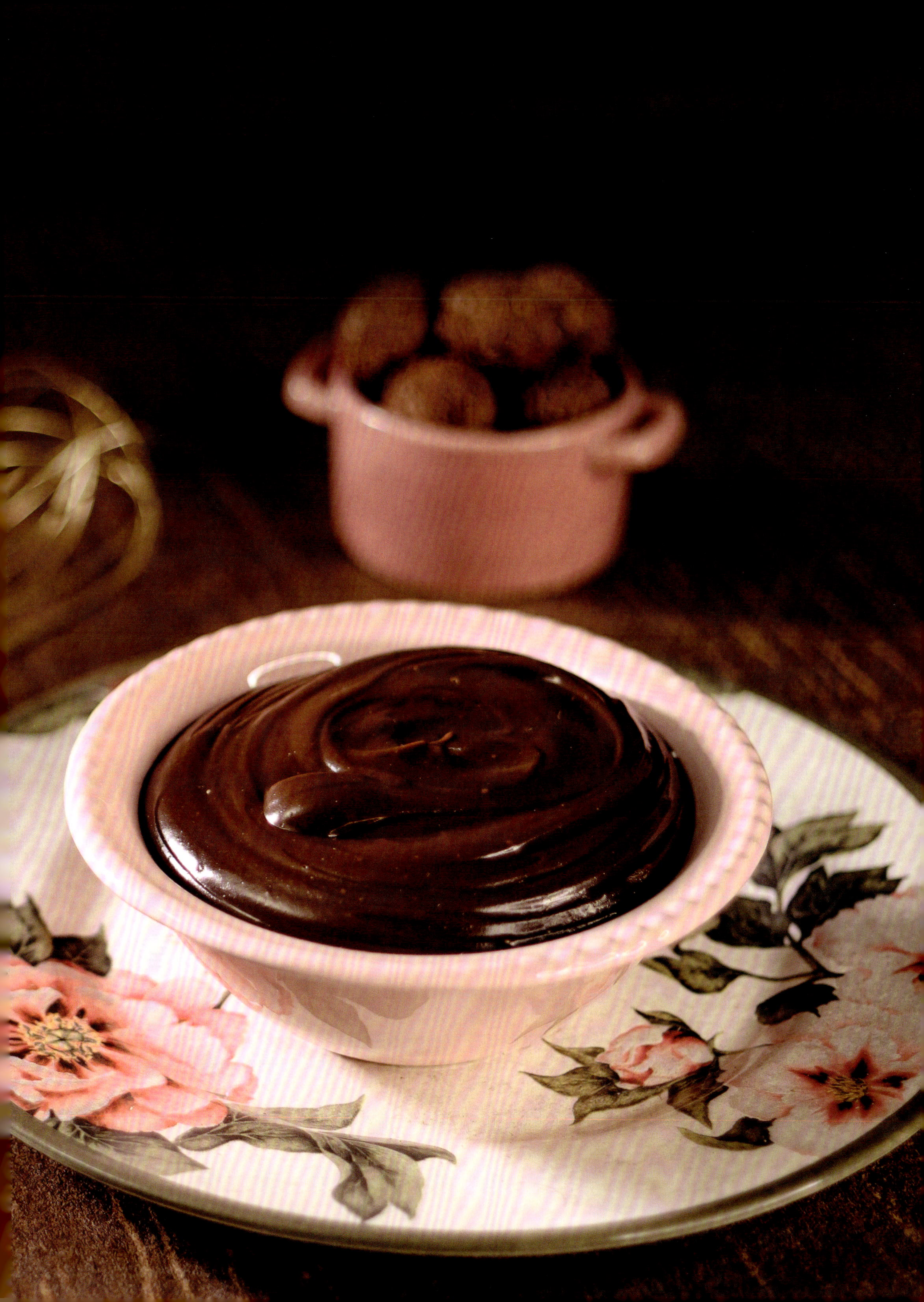

Meio amargo

Ingredientes
- 1,195 kg de leite condensado
- 700 g de creme de leite
- 100 g de cacau em pó 100% peneirado
- 100 g de chocolate meio amargo em barra
- 10 g de glucose

Modo de preparo
Com o fogo desligado, coloque o leite condensado, o creme de leite e o cacau em pó 100% peneirado na panela e misture bem até dissolver todos os ingredientes. Acenda o fogo em temperatura baixa e, somente quando a mistura começar a ferver, acrescente o chocolate meio amargo em barra e a glucose.

Temperatura
Fogo de médio a baixo por aproximadamente 55 minutos.

Rendimento
2,2 kg

Observação
O ponto do recheio estará correto quando o brigadeiro cair em bloco.

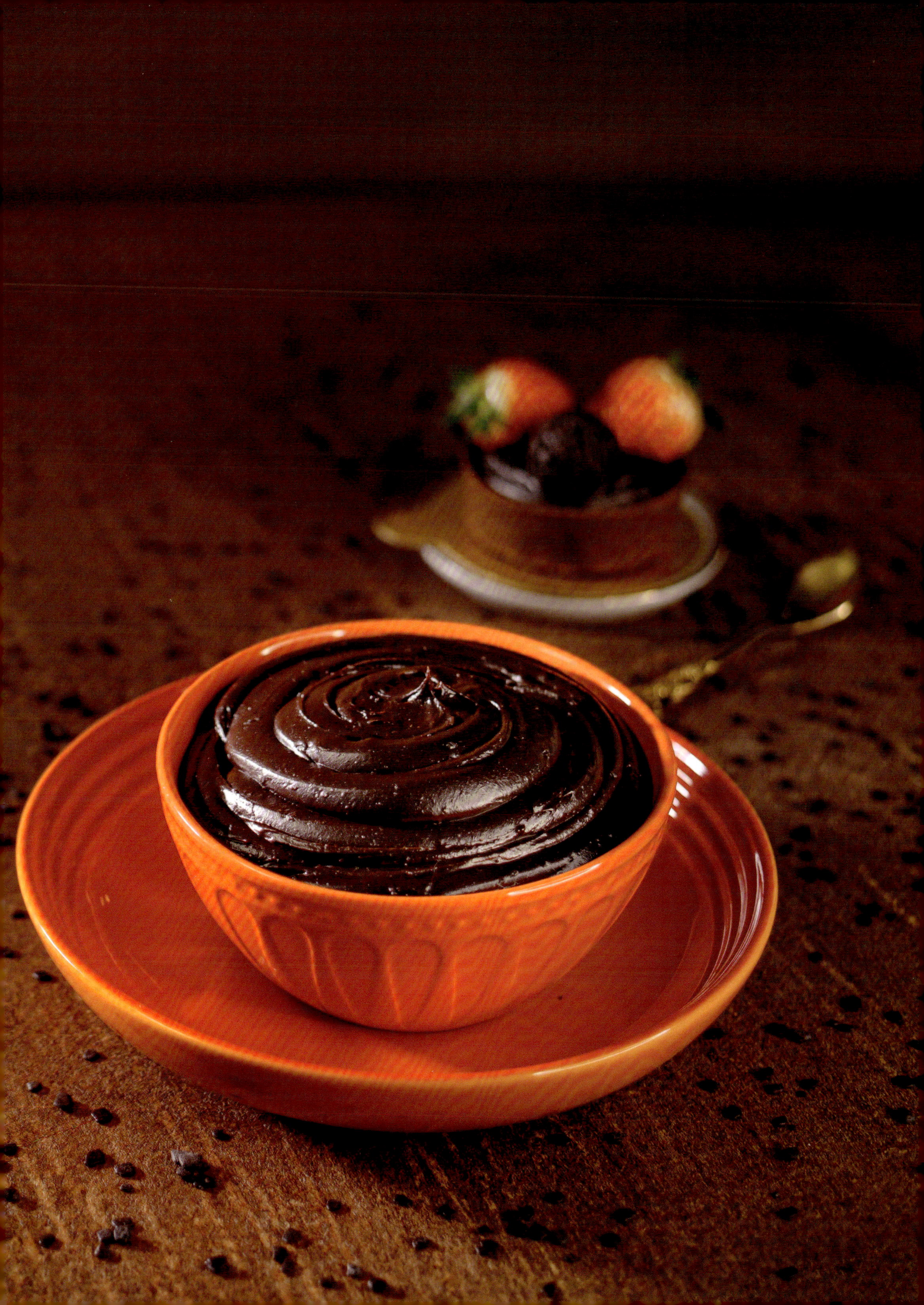

Ninho

Ingredientes

- ☑ 1,195 kg de leite condensado
- ☑ 200 g de leite em pó integral
- ☑ 600 g de creme de leite
- ☑ 100 g de chocolate branco em barra
- ☑ 10 g de glucose

Modo de preparo

Com o fogo desligado, adicione o leite condensado e o leite em pó integral na panela. Em seguida, acrescente o creme de leite. Misture bem até dissolver todos os ingredientes. Acenda o fogo em temperatura baixa e, somente quando a mistura começar a ferver, acrescente o chocolate branco em barra e a glucose.

Após concluir o preparo, com o recheio ainda quente, fracione e embale em sacos de confeitar ou filme plástico, para evitar que o cozimento continue e escureça o brigadeiro.

Temperatura

Fogo de médio a baixo por aproximadamente 35 minutos.

Rendimento

1,9 kg

Observação

O ponto do recheio estará correto quando o brigadeiro cair em bloco.

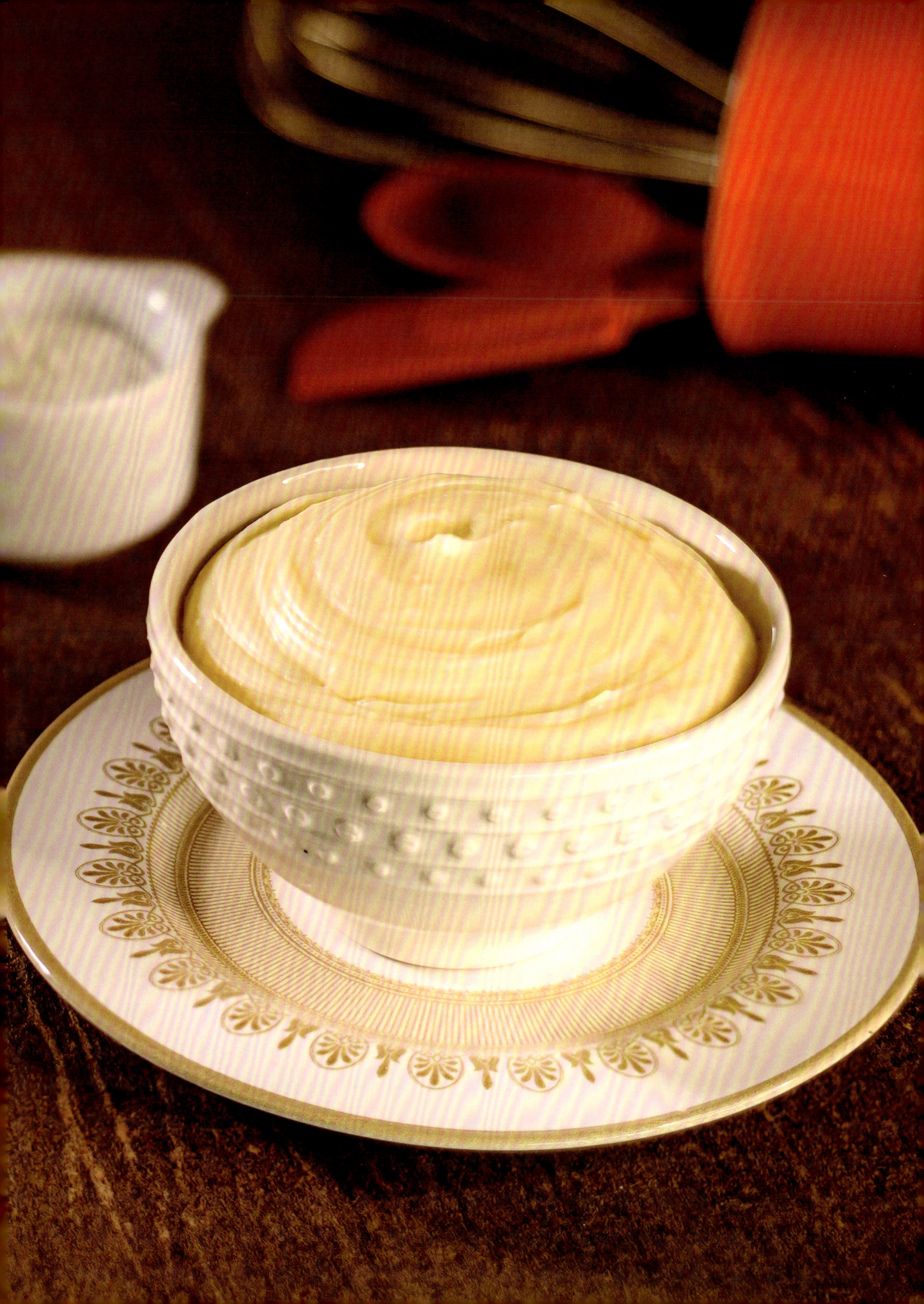

Doce de leite suave

Ingredientes
- ☑ 790 g de leite condensado
- ☑ 395 g de leite condensado cozido
- ☑ 800 g de creme de leite

Modo de preparo
Acrescente todos os ingredientes na panela, mexendo até misturar bem. Aguarde o cozimento até atingir o ponto de brigadeiro e a cor de doce de leite claro.

Temperatura
Fogo médio por aproximadamente 80 minutos.

Rendimento
1,8 kg

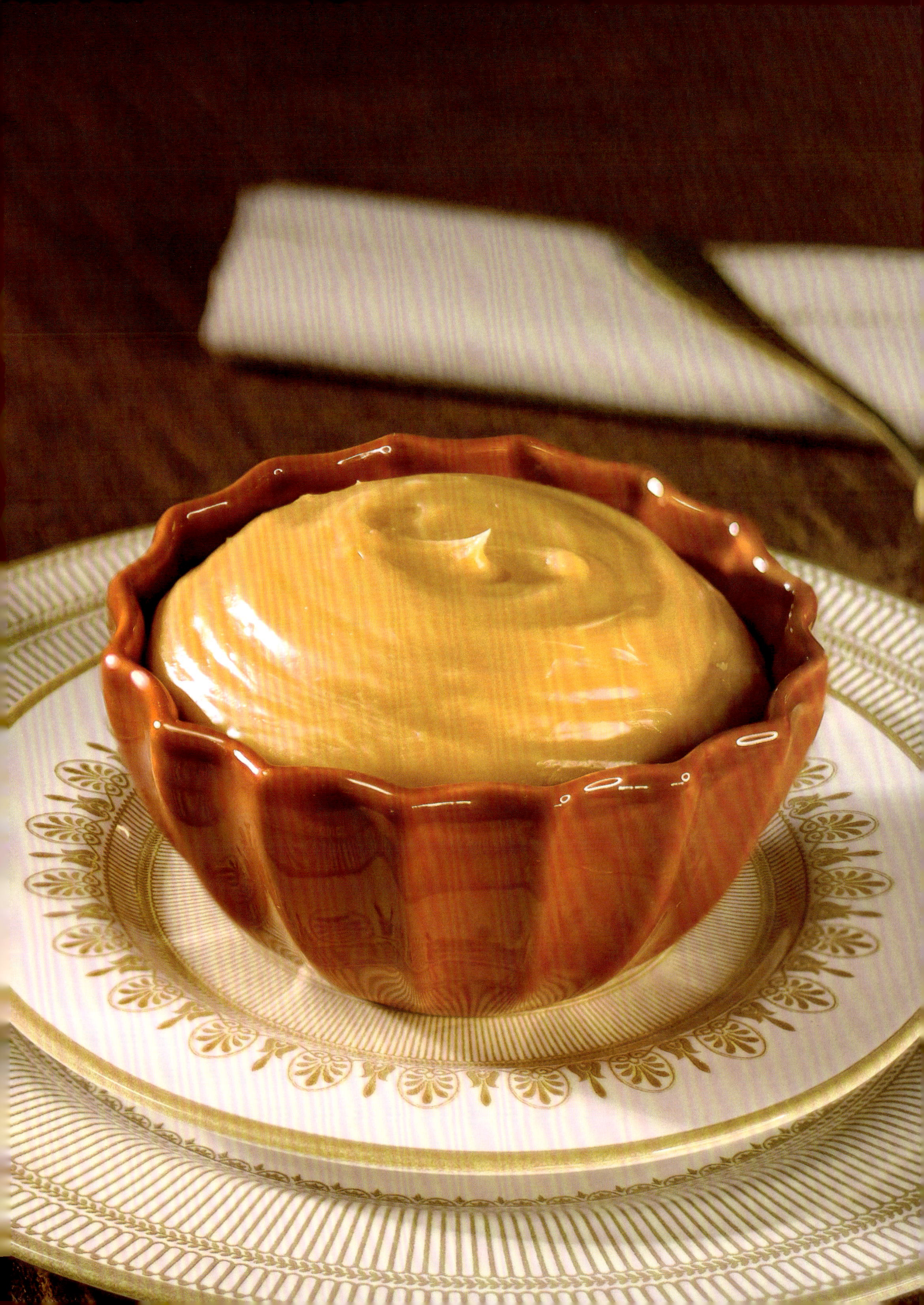

Bases cremosas

Para bolos de pote, verrines e todas as sobremesas que necessitam de um brigadeiro bem cremoso, eu utilizo a mesma receita. O segredo é desligar o fogo antes, quando o brigadeiro ainda estiver bem líquido, porém cremoso.
E essa opção vale para qualquer sabor!
A seguir, os dois sabores mais utilizados.

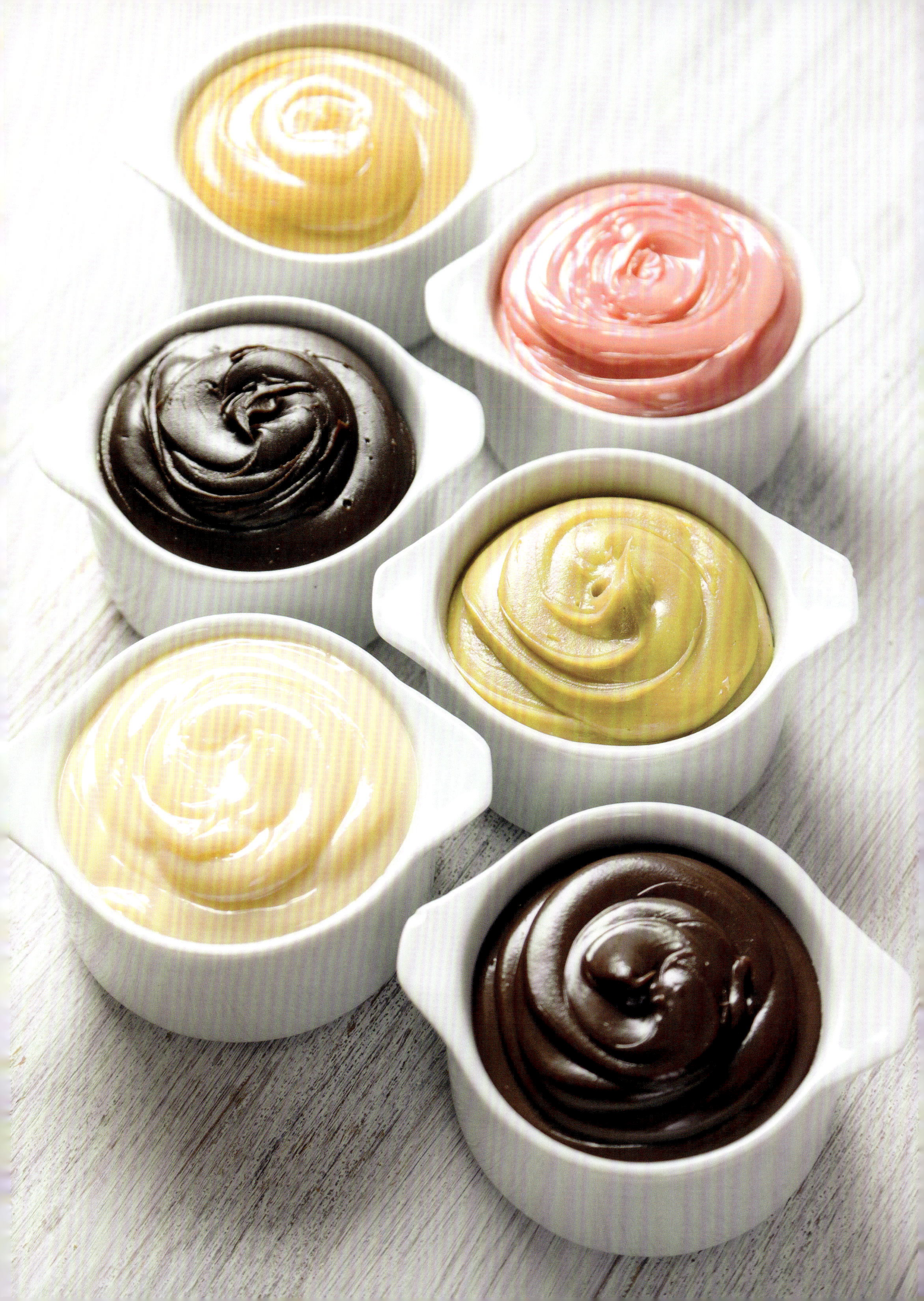

Ao leite

Ingredientes
- ☑ 1,185 kg de leite condensado
- ☑ 800 g de creme de leite
- ☑ 80 g de cacau em pó 50%
- ☑ 80 g de chocolate ao leite em barra
- ☑ 10 g de glucose

Modo de preparo
Com o fogo desligado, coloque o leite condensado, o creme de leite e o cacau em pó 50% na panela.
Misture bem até dissolver todos os ingredientes. Acenda o fogo em temperatura baixa e, somente quando a mistura começar a ferver, acrescente o chocolate ao leite em barra e a glucose.

Temperatura
Fogo de médio a baixo por aproximadamente 60 minutos.

Rendimento
2 kg

Observação
O ponto do recheio estará correto quando atingir uma consistência cremosa, antes do ponto firme. Não espere soltar do fundo da panela.

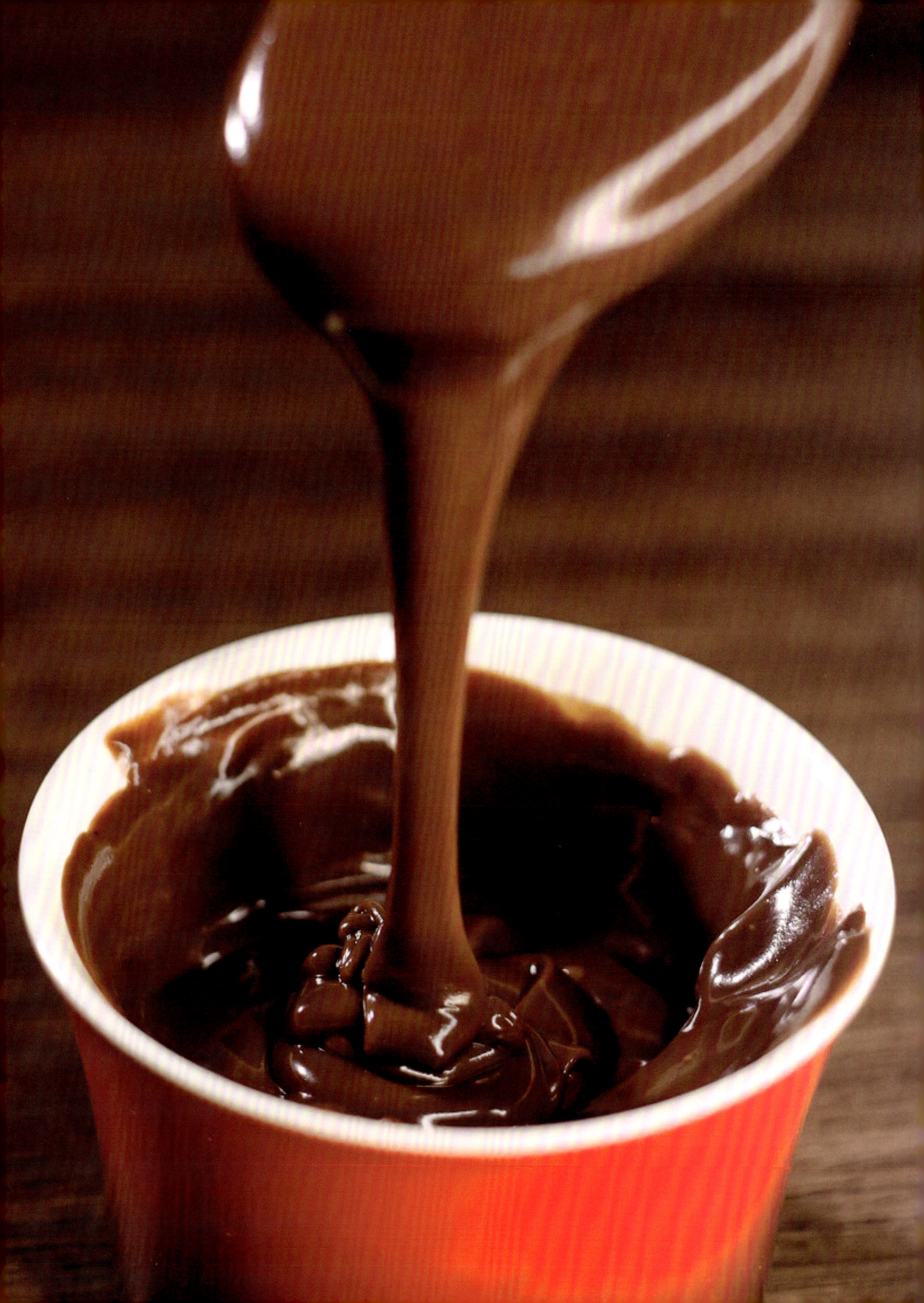

Ninho

Ingredientes
- [x] 1,185 kg de leite condensado
- [x] 200 g de leite em pó integral
- [x] 800 g de creme de leite
- [x] 50 g de chocolate branco em barra
- [x] 10 g de glucose

Modo de preparo
Com o fogo desligado, coloque o leite condensado e o leite em pó integral na panela. Em seguida, acrescente o creme de leite e misture bem até dissolver todos os ingredientes. Acenda o fogo em temperatura baixa e, somente quando começar a ferver, acrescente o chocolate branco em barra e a glucose.

Temperatura
Fogo de médio a baixo por aproximadamente 50 minutos.

Rendimento
2,2 kg

Observação
O ponto do recheio estará correto quando atingir uma consistência cremosa, antes do ponto firme. Não espere soltar do fundo da panela.

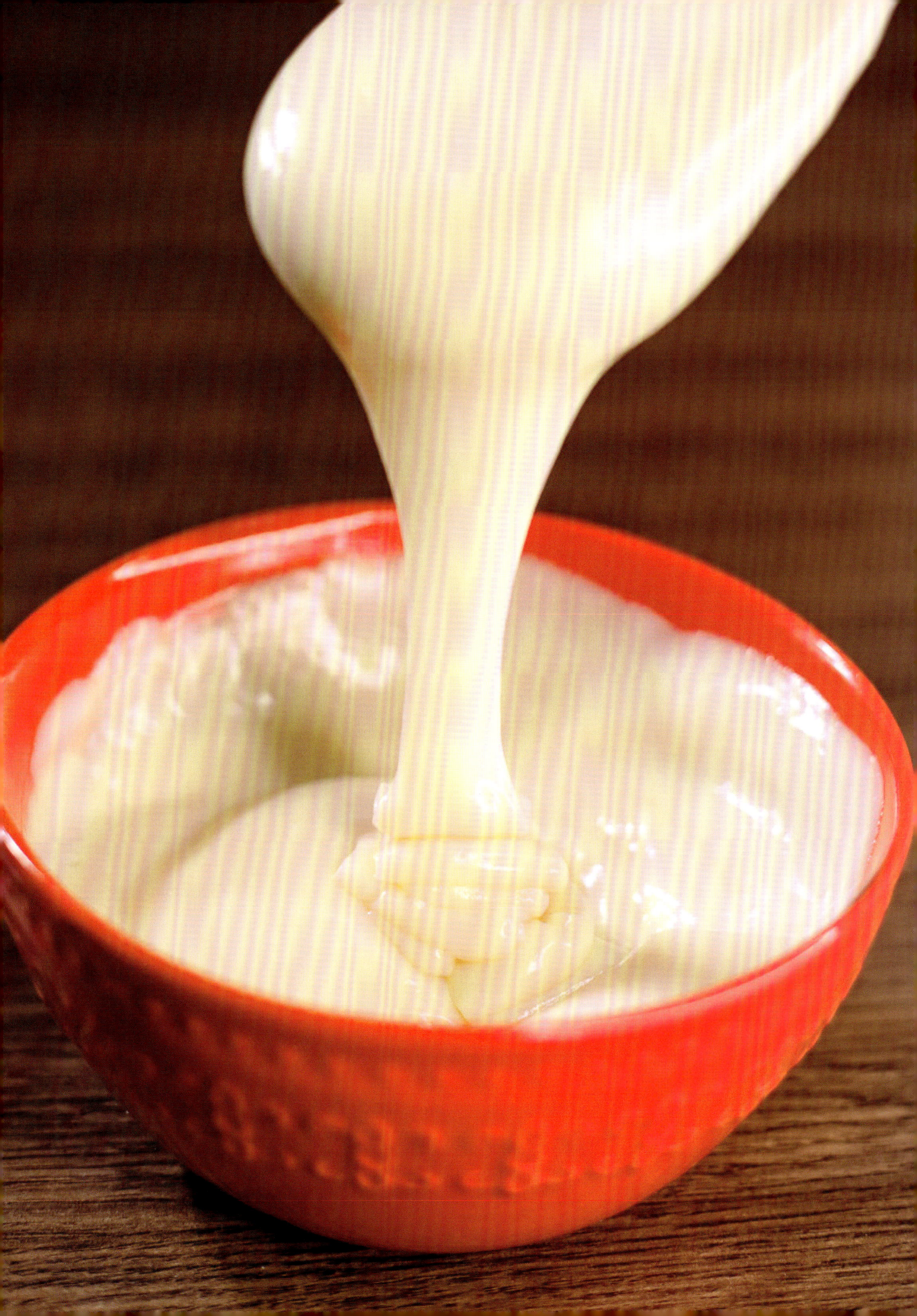

Composições

Com as bases apresentadas, podemos criar diversos sabores usando combinações e associações. Eu citei apenas duas receitas, mas a ideia é que, com duas bases, seja possível fazer mais de 100 recheios. Você pode abusar da criatividade!
Por exemplo, a base branca misturada com paçoca rolha vira um brigadeiro de paçoca maravilhoso.
A base ao leite com Kinder Bueno ou Ferrero Rocher vira um brigadeiro divino. A proporção é de acordo com o paladar: sabor mais acentuado, maior quantidade.
Você pode misturar no fogo antes de desligar ou fazer camadas sobre o recheio depois de pronto e frio.
Essas associações são nossas favoritas na produção, não deixamos faltar para usar com os recheios-base.

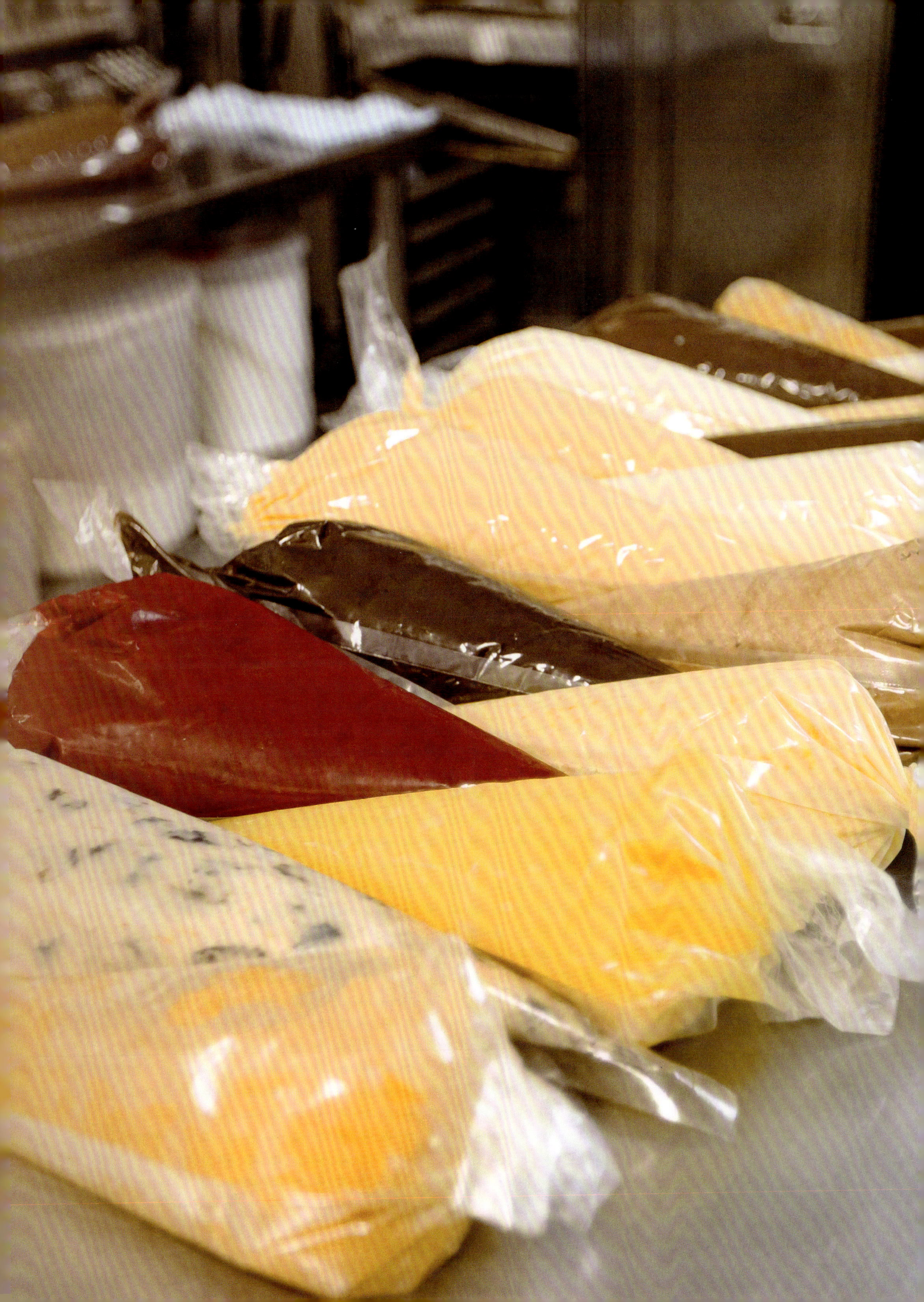

Cocada cremosa

Ingredientes
- 790 g de leite condensado
- 300 g de creme de leite
- 230 g de leite de coco
- 260 g de coco em flocos
- 30 g de manteiga sem sal
- 10 g de glucose

Modo de preparo
Em uma panela, misture todos os ingredientes e mexa até atingir uma consistência cremosa.

Temperatura
Fogo médio por aproximadamente 40 minutos.

Importante
Não deixe muito tempo no fogo para que não fique seca.

Rendimento
930 g

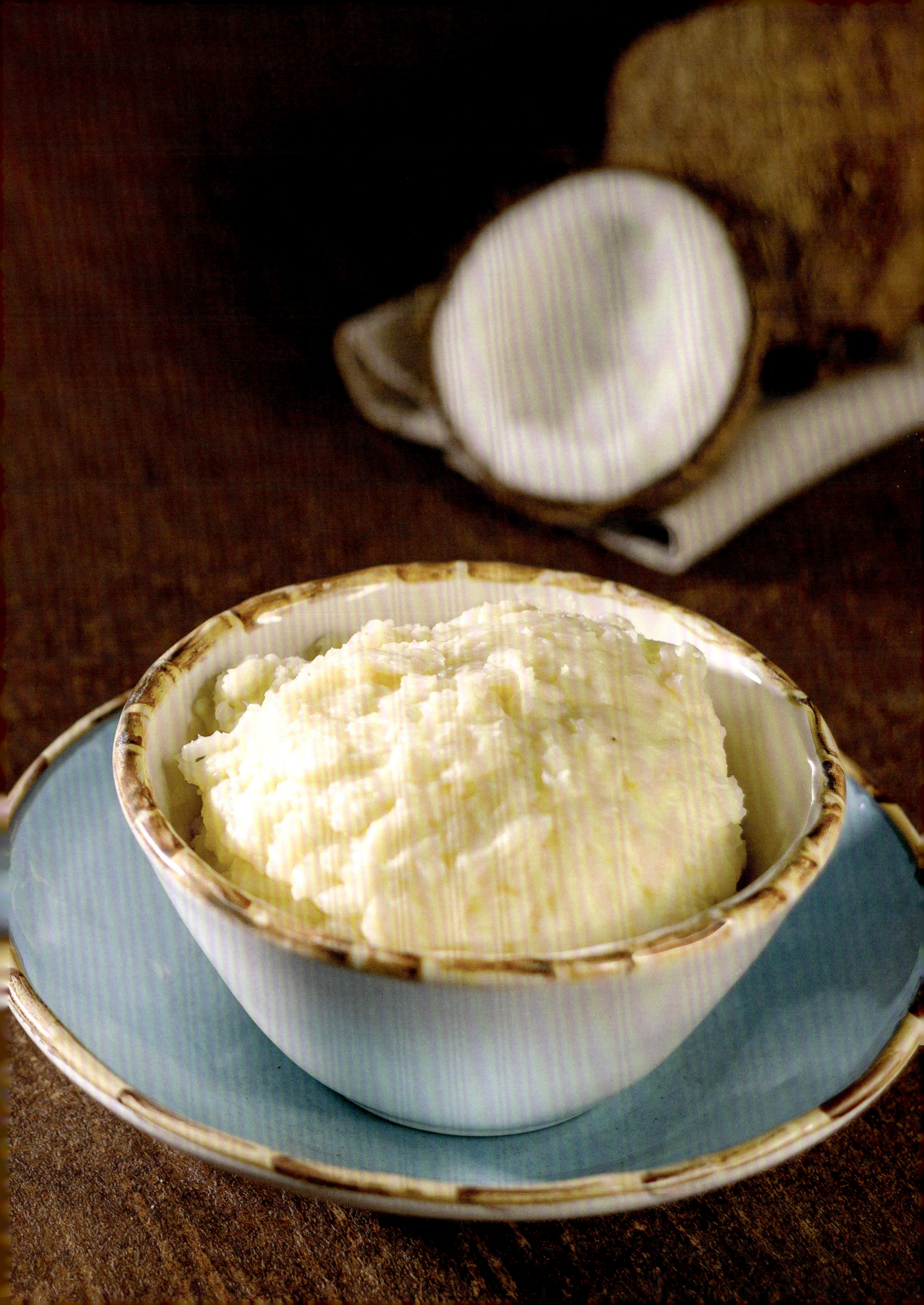

Geleia de frutas vermelhas

Ingredientes
- ☑ 700 g de morangos frescos
- ☑ 200 g de açúcar cristal
- ☑ 10 g de pasta de frutas vermelhas
- ☑ Suco de meio limão-taiti
- ☑ 15 g de corante de morango
- ☑ 20 mL de vinho tinto

Modo de preparo
Em uma panela, misture todos os ingredientes, exceto o vinho tinto, e deixe cozinhar até que não haja mais líquido. Por último, acrescente o vinho e misture bem. Quando atingir ponto e textura de geleia, desligue o fogo.

Temperatura
Fogo médio por 40 minutos.

Rendimento
1,8 kg

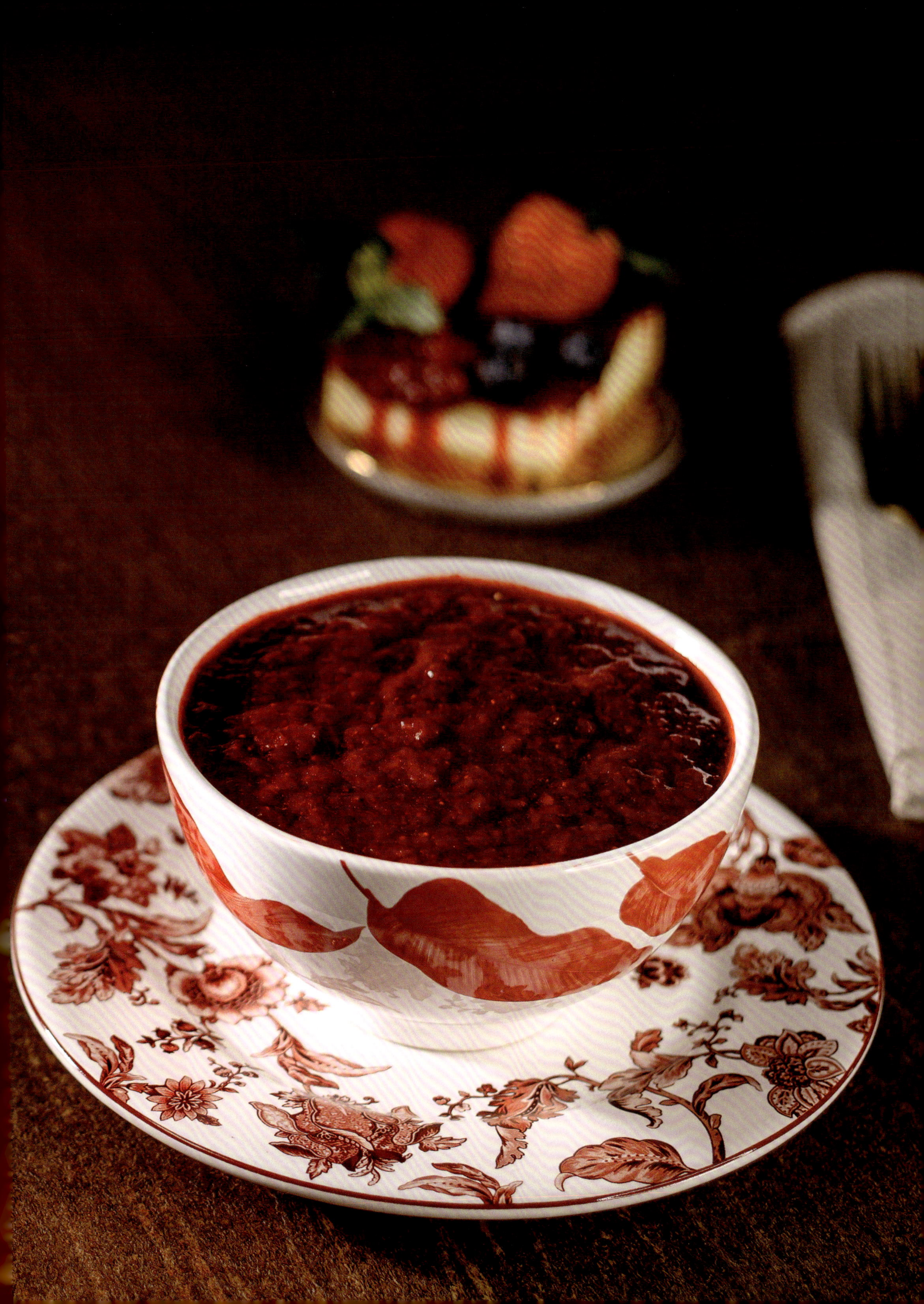

Geleia de frutas amarelas

Ingredientes
- 300 g de manga picada em cubos
- 500 g de abacaxi picado em cubos
- 2 maracujás médios com sementes
- 400 g de açúcar cristal
- Suco de meio limão-taiti
- 2 g de amido de milho

Modo de preparo
Em uma panela, misture todos os ingredientes, exceto o amido de milho, e deixe cozinhar até atingir textura de geleia. Por último, dissolva o amido de milho em água, acrescente e mexa até que se misture totalmente à geleia.

Temperatura
Fogo médio por 40 minutos.

Rendimento
2,4 kg

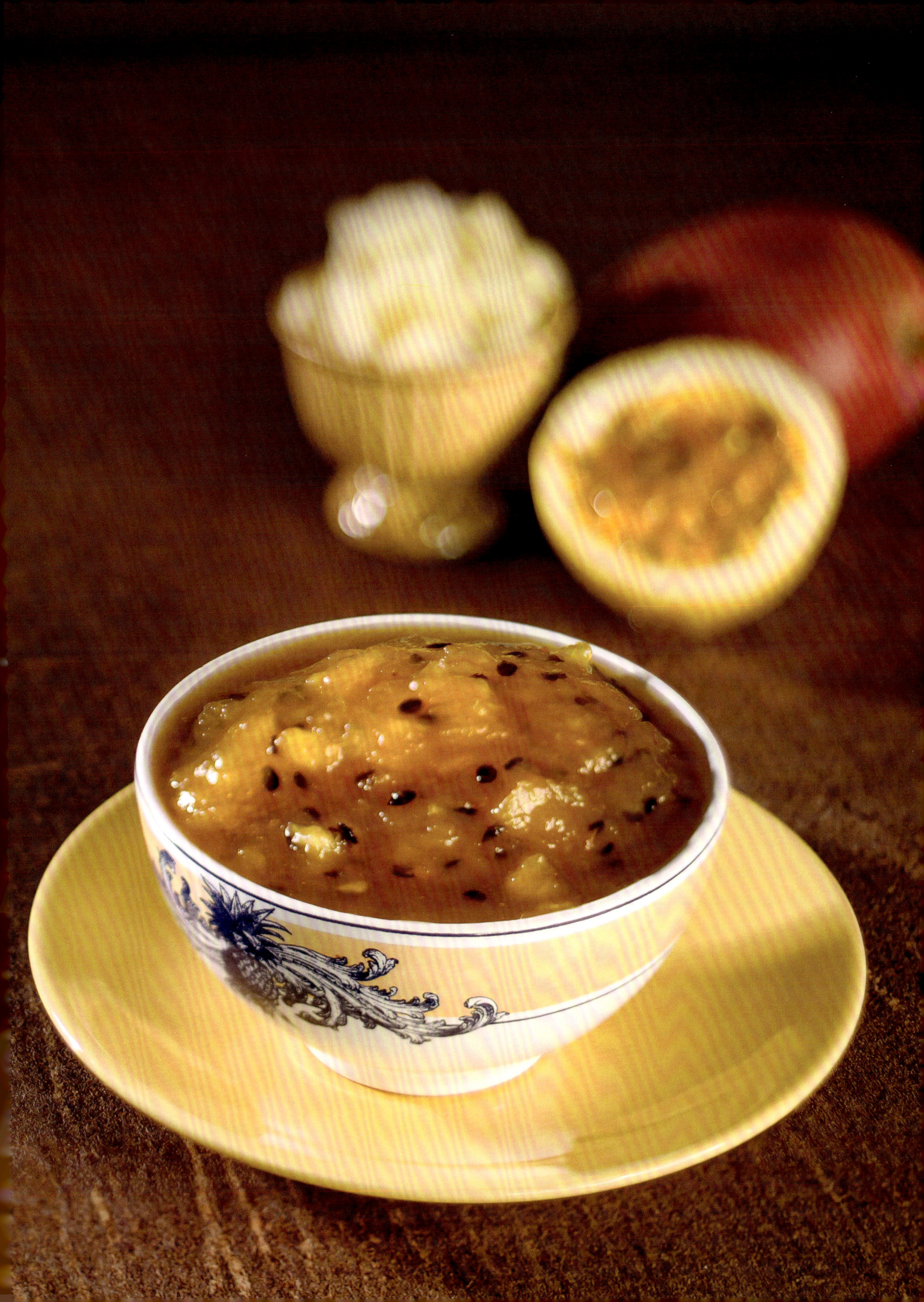

Pistache

Ingredientes
- [x] 1 kg de brigadeiro de Ninho firme
- [x] 80 g de pasta concentrada pura de pistache

Modo de preparo
Misture o brigadeiro de Ninho firme com a pasta de pistache até que a mistura fique homogênea.

Rendimento
1,08 kg

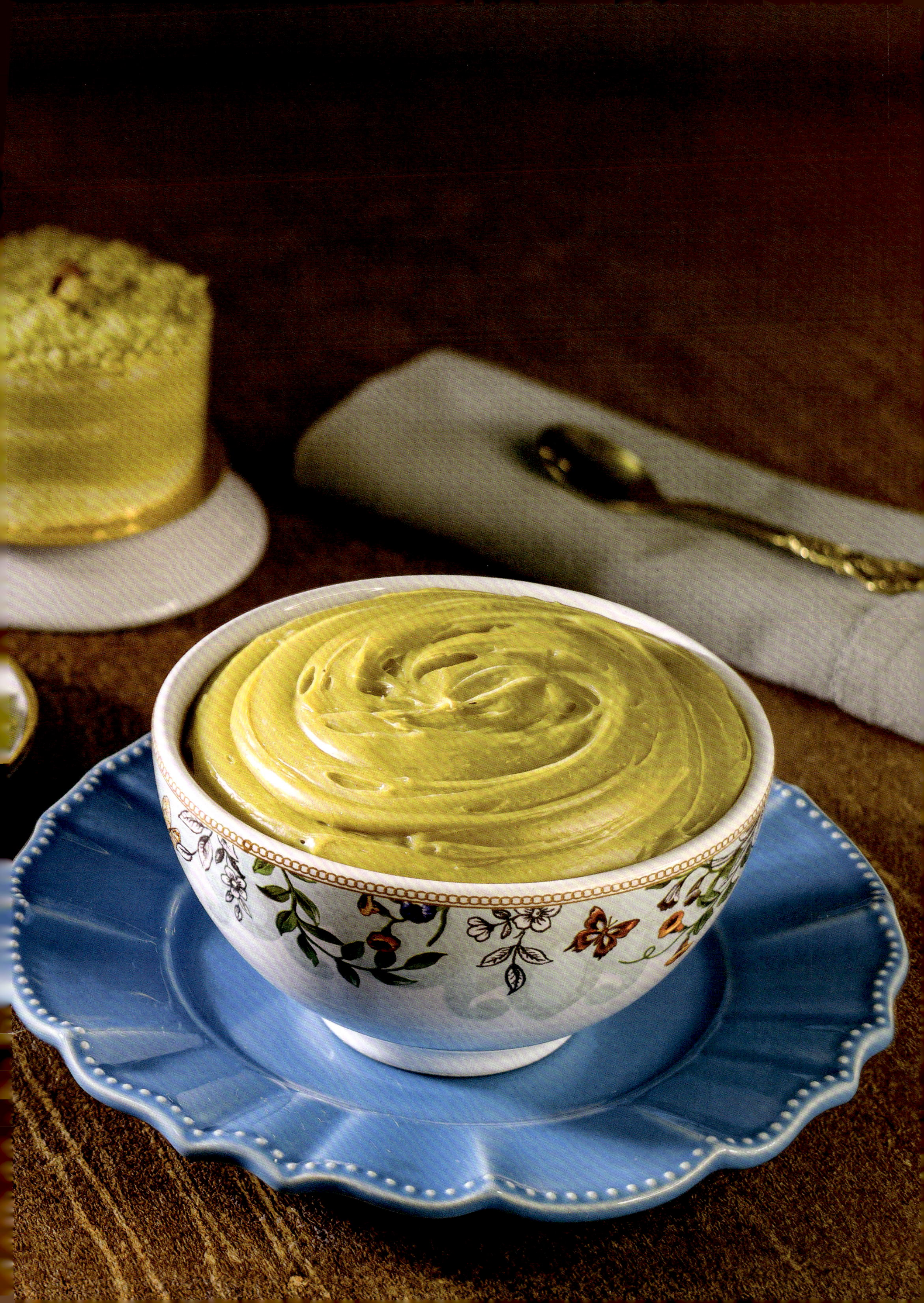

Cream cheese

Ingredientes
- ☑ 600 g de cream cheese
- ☑ 30 g de suco de limão-taiti
- ☑ Raspas de 1 limão-taiti
- ☑ 150 g de creme de leite
- ☑ 150 g de Glaçúcar União
- ☑ 500 g de chocolate branco derretido

Modo de preparo
Derreta o chocolate no micro-ondas de 30 em 30 segundos, em potência baixa.
Na batedeira, coloque todos os ingredientes com a velocidade baixa, deixando o chocolate derretido por último, que deve ser acrescentado aos poucos. Depois, aumente a velocidade para o máximo e bata até formar um creme fofo e lisinho.

Rendimento
1,4 kg

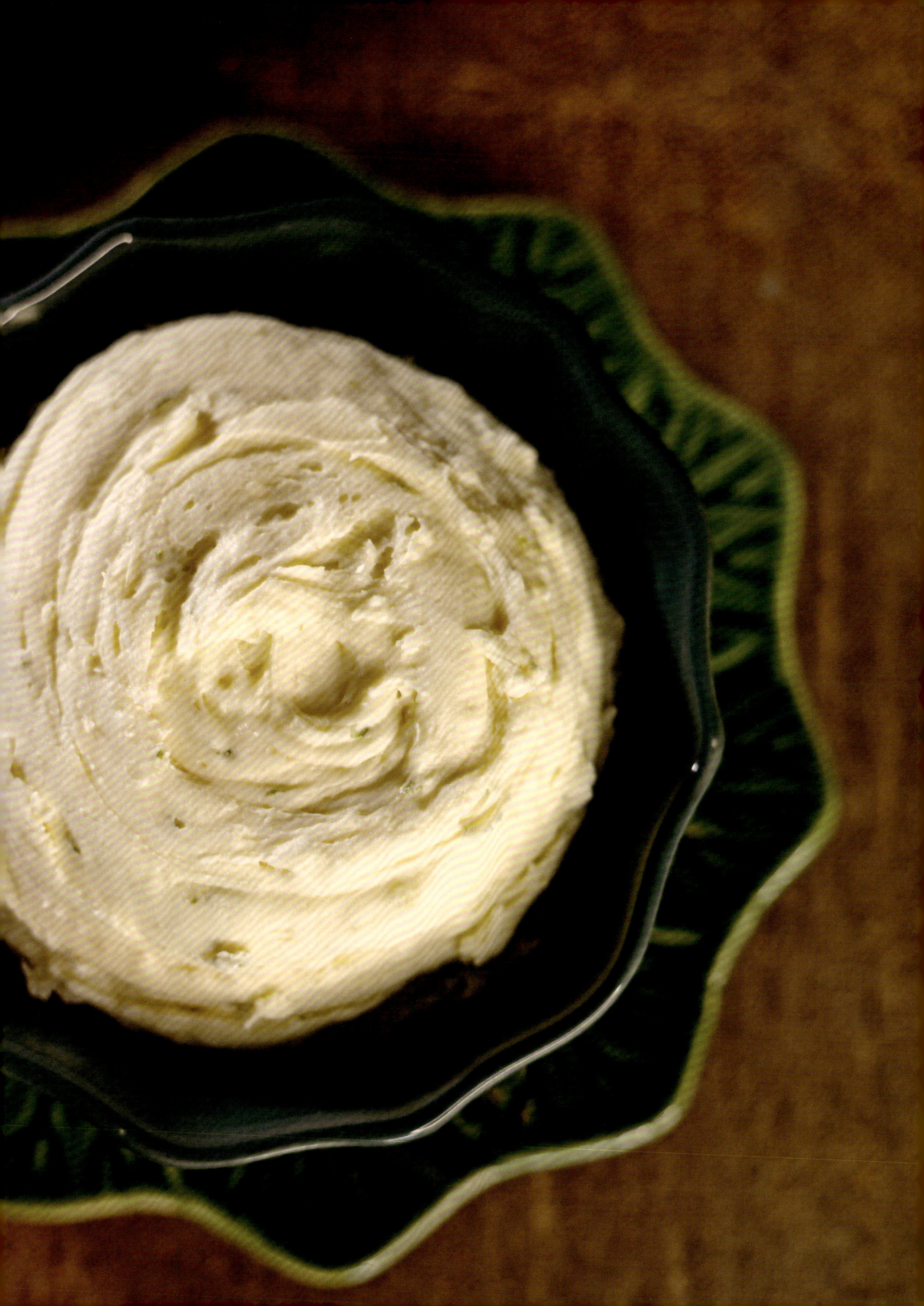

Crème brûlée

Ingredientes
- 395 g de leite condensado
- 200 g de creme de leite
- ½ fava de baunilha
- 2 gemas peneiradas

Modo de preparo
Leve todos os ingredientes ao fogo, mexendo constantemente até começar a soltar do fundo da panela. O ponto deve ser de brigadeiro de colher.

Rendimento
600 g

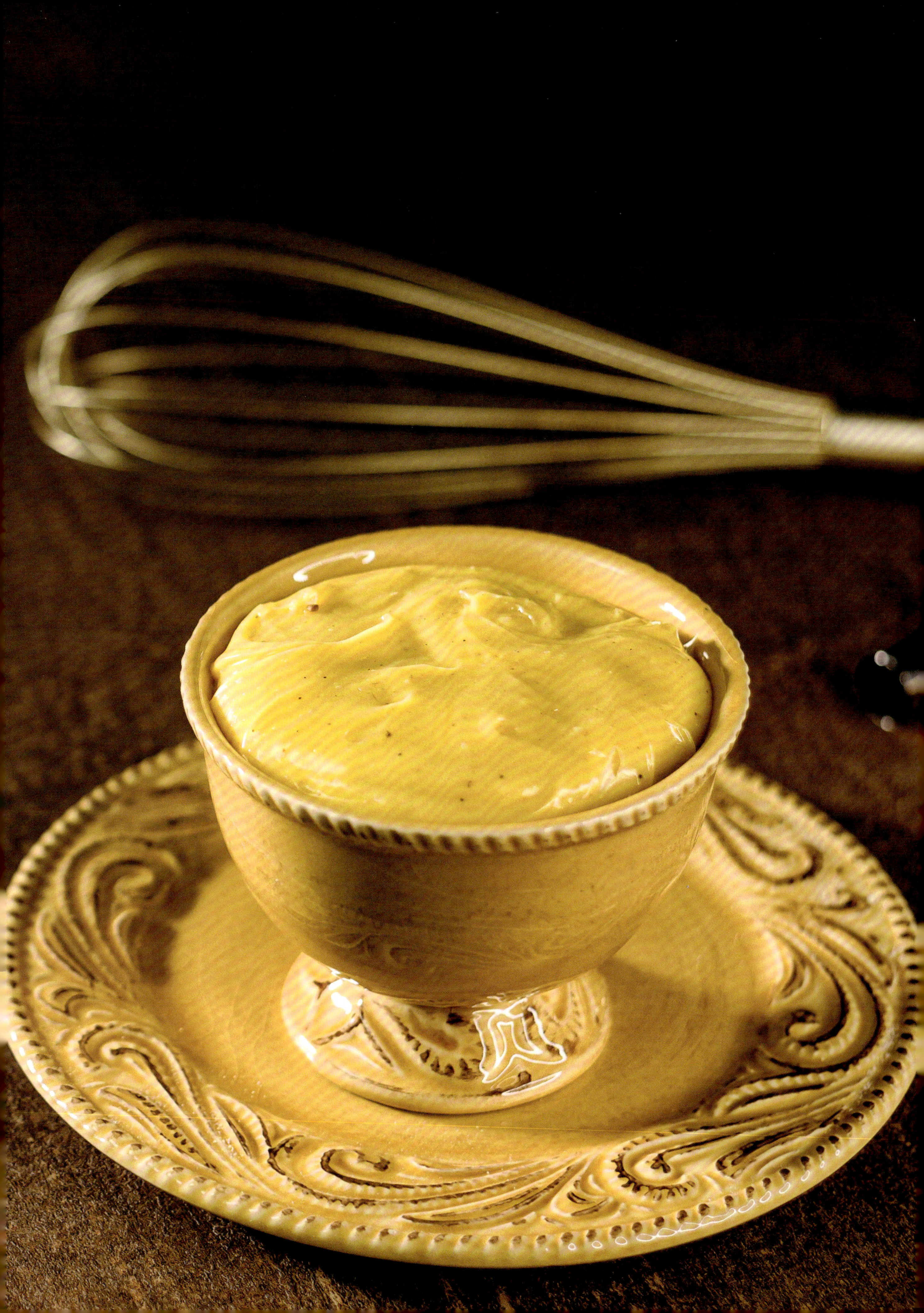

Brigadeiro de enrolar

Existem cardápios com 100 sabores, mas, com base em pesquisas e relatórios das minhas lojas, tive certeza de que o maior faturamento ainda vem dos sabores tradicionais.

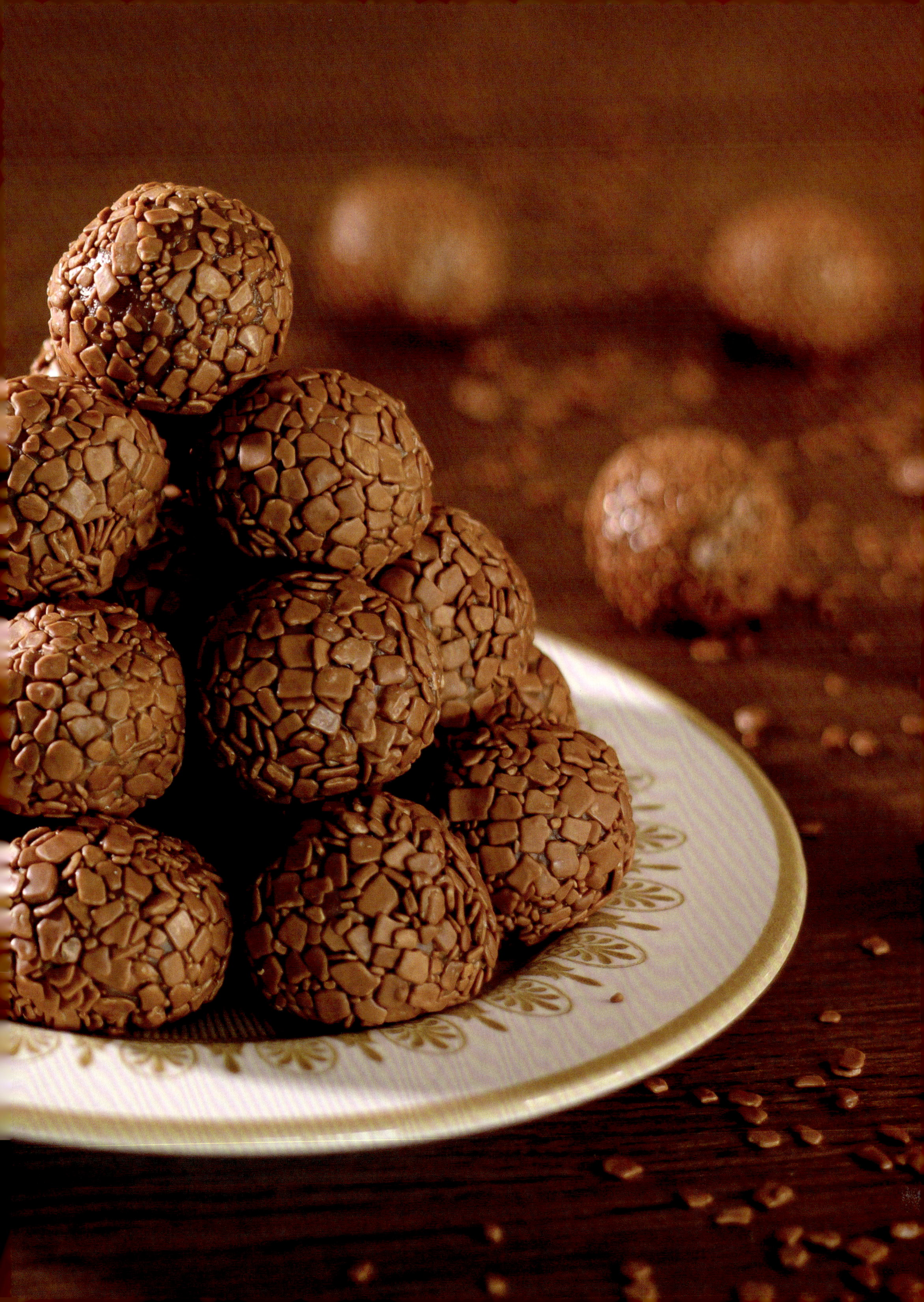

Brigadeiro ao leite

Ingredientes
- 395 g de leite condensado
- 125 g de creme de leite
- 20 g de manteiga sem sal
- 125 g de chocolate ao leite em barra
- 10 g de glucose

Modo de preparo
Leve ao fogo o leite condensado, o creme de leite e a manteiga. Quando a mistura ferver, acrescente o chocolate ao leite em barra e a glucose. Mexa até soltar do fundo da panela.

Temperatura
Fogo baixo

Rendimento
580 g

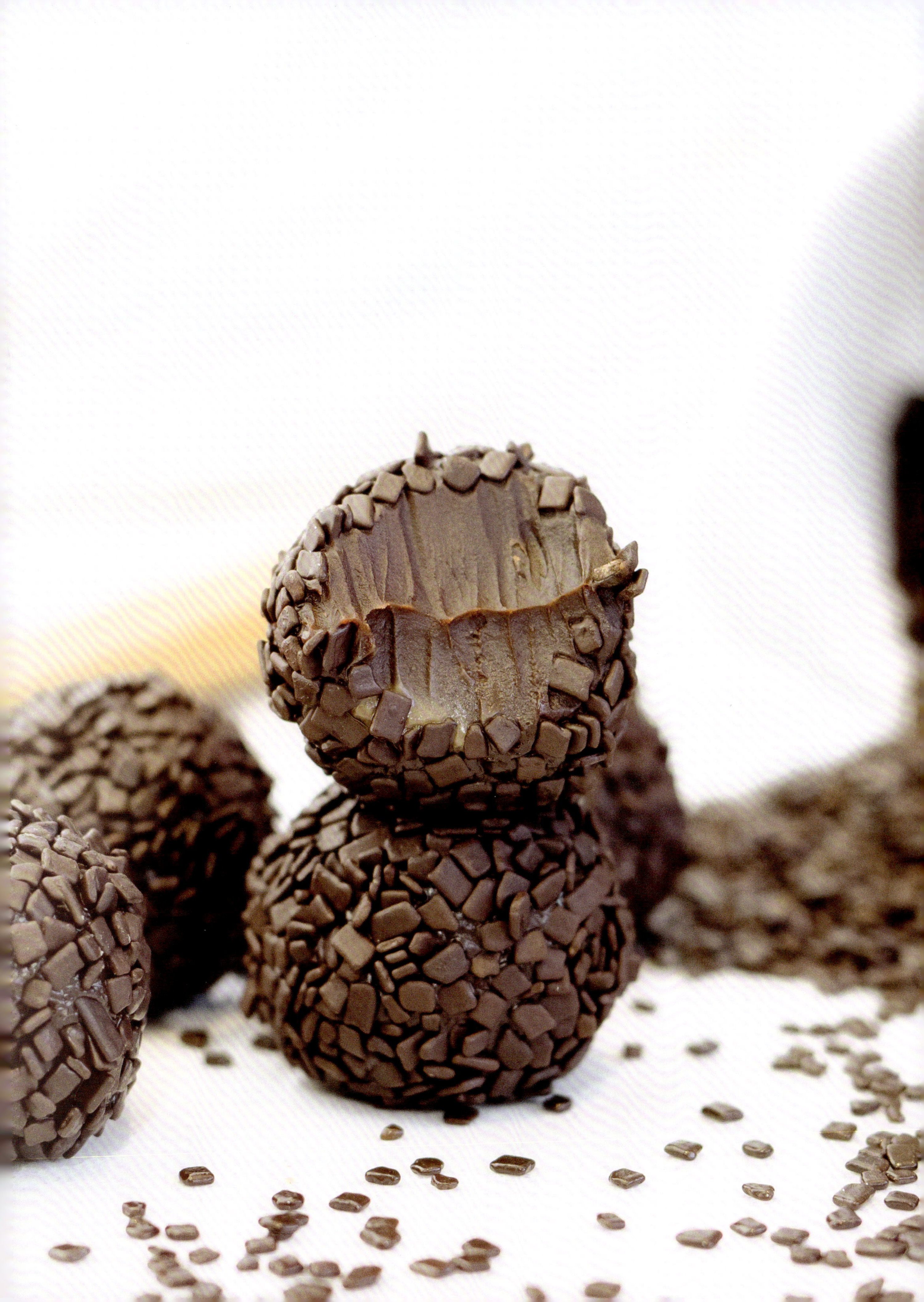

Brigadeiro meio amargo

Ingredientes
- 395 g de leite condensado
- 100 g de creme de leite
- 100 g de cacau 100% peneirado
- 50 g de manteiga sem sal
- 100 g de chocolate meio amargo em barra
- 10 g de glucose

Modo de preparo
Leve ao fogo o leite condensado, o creme de leite, o cacau peneirado e a manteiga. Quando a mistura ferver, acrescente o chocolate ao leite em barra e a glucose. Mexa até soltar do fundo da panela.

Temperatura
Fogo médio

Rendimento
700 g

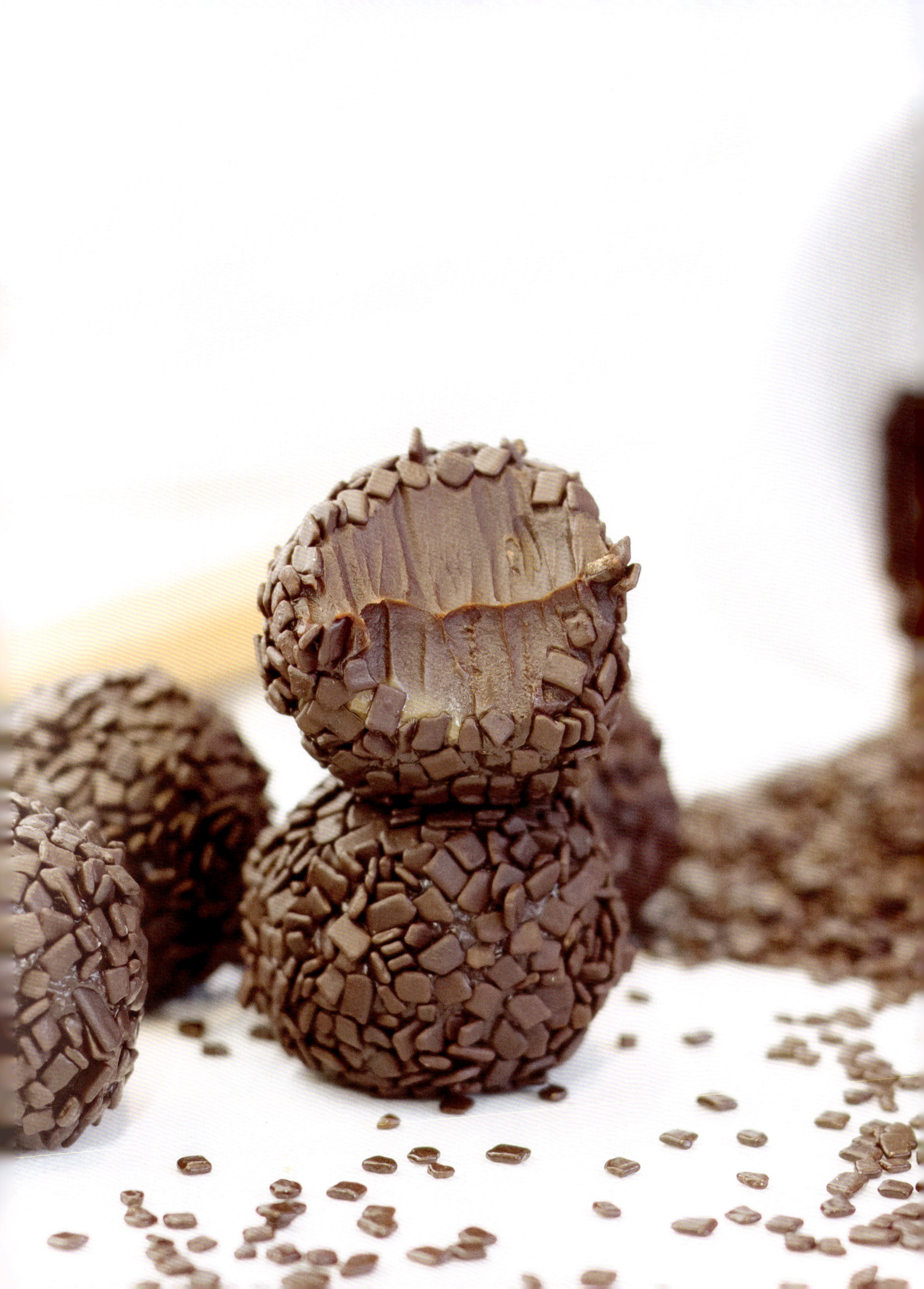

Brigadeiro de leite Ninho

Ingredientes
- 395 g de leite condensado
- 55 g de leite em pó integral
- 100 g de creme de leite
- 30 g de manteiga sem sal
- 10 g de glucose

Modo de preparo
Em uma panela, com o fogo ainda desligado, coloque o leite condensado com o leite em pó e misture bem. Adicione o restante dos ingredientes. Leve ao fogo baixo e mexa sem parar até soltar do fundo da panela.

Temperatura
Fogo médio

Rendimento
500 g

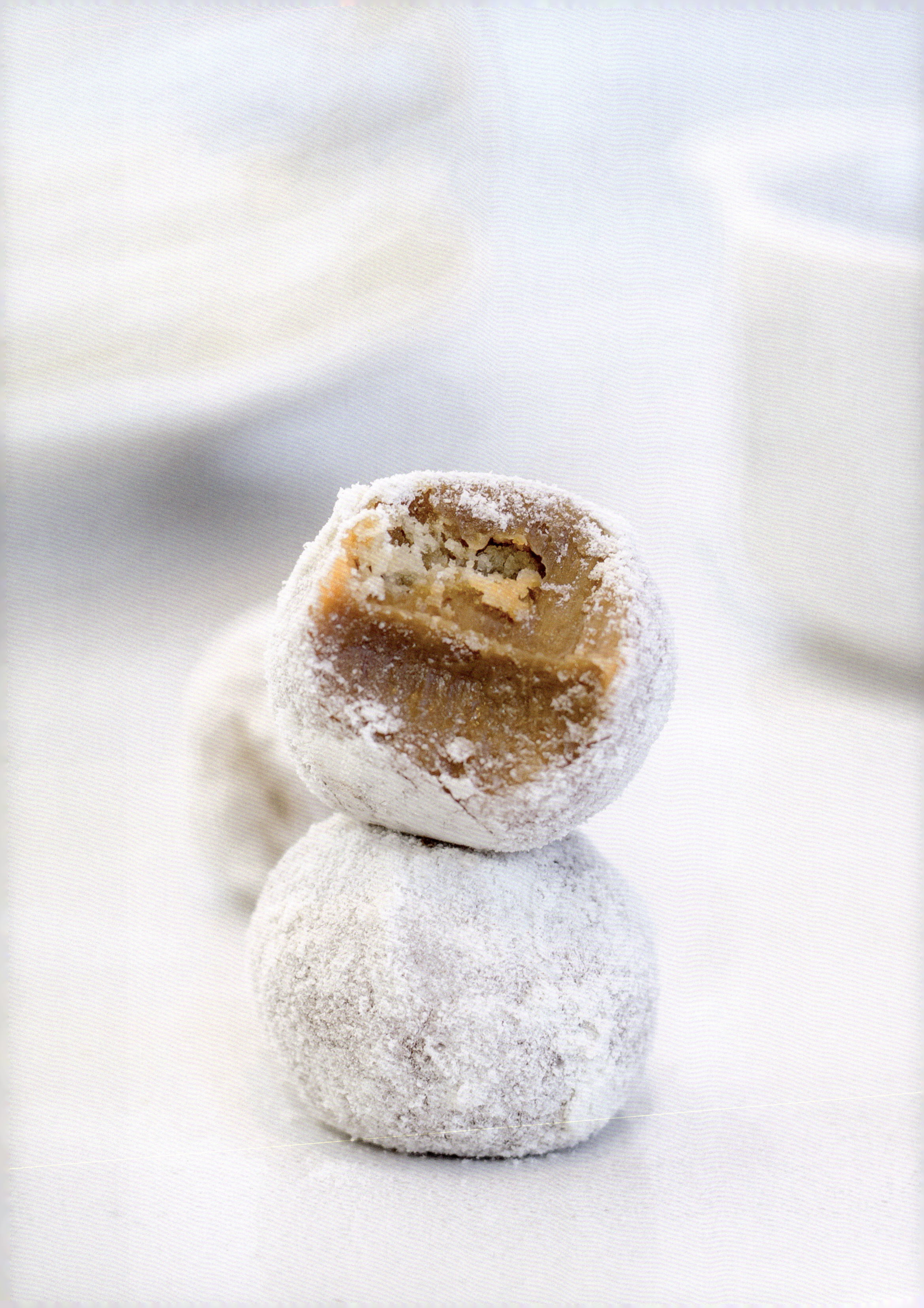

Brigadeiro de morango

Ingredientes
- 395 g de leite condensado
- 200 g de creme de leite
- 65 g de chocolate branco
- 12 g de manteiga sem sal
- 20 g de suco em pó de morango
- 10 g de glucose

Modo de preparo
Em uma panela, coloque todos os ingredientes e leve-os ao fogo por aproximadamente 40 minutos ou até desgrudarem do fundo da panela.

Temperatura
Fogo baixo

Rendimento
500 g

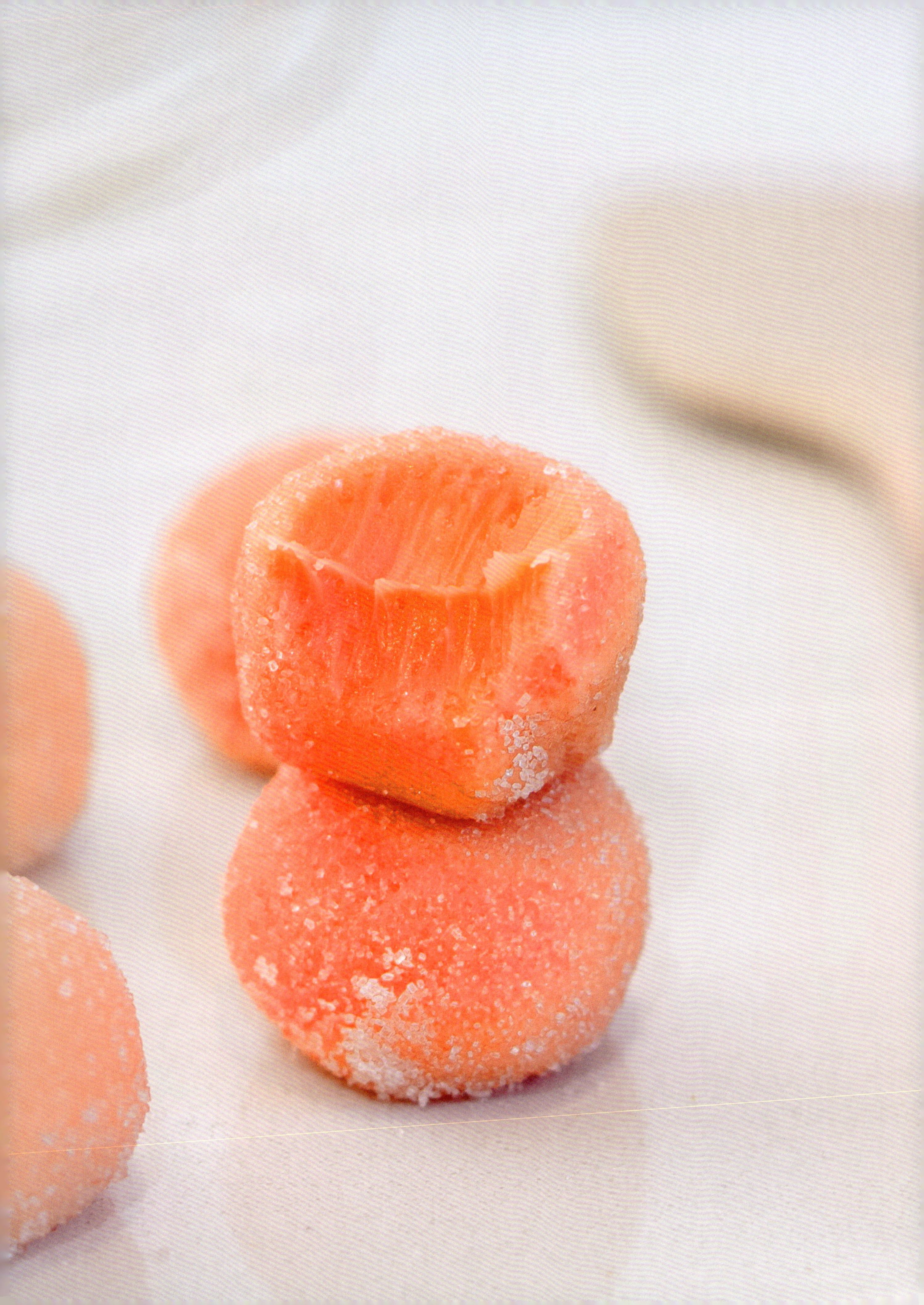

Brigadeiro de pistache

Ingredientes

- 200 g de brigadeiro de Ninho firme
- 20 g de pasta concentrada pura de pistache

Modo de preparo

Misture o brigadeiro de Ninho firme com a pasta de pistache até que a mistura fique homogênea.

Rendimento

10 unidades de 20 g

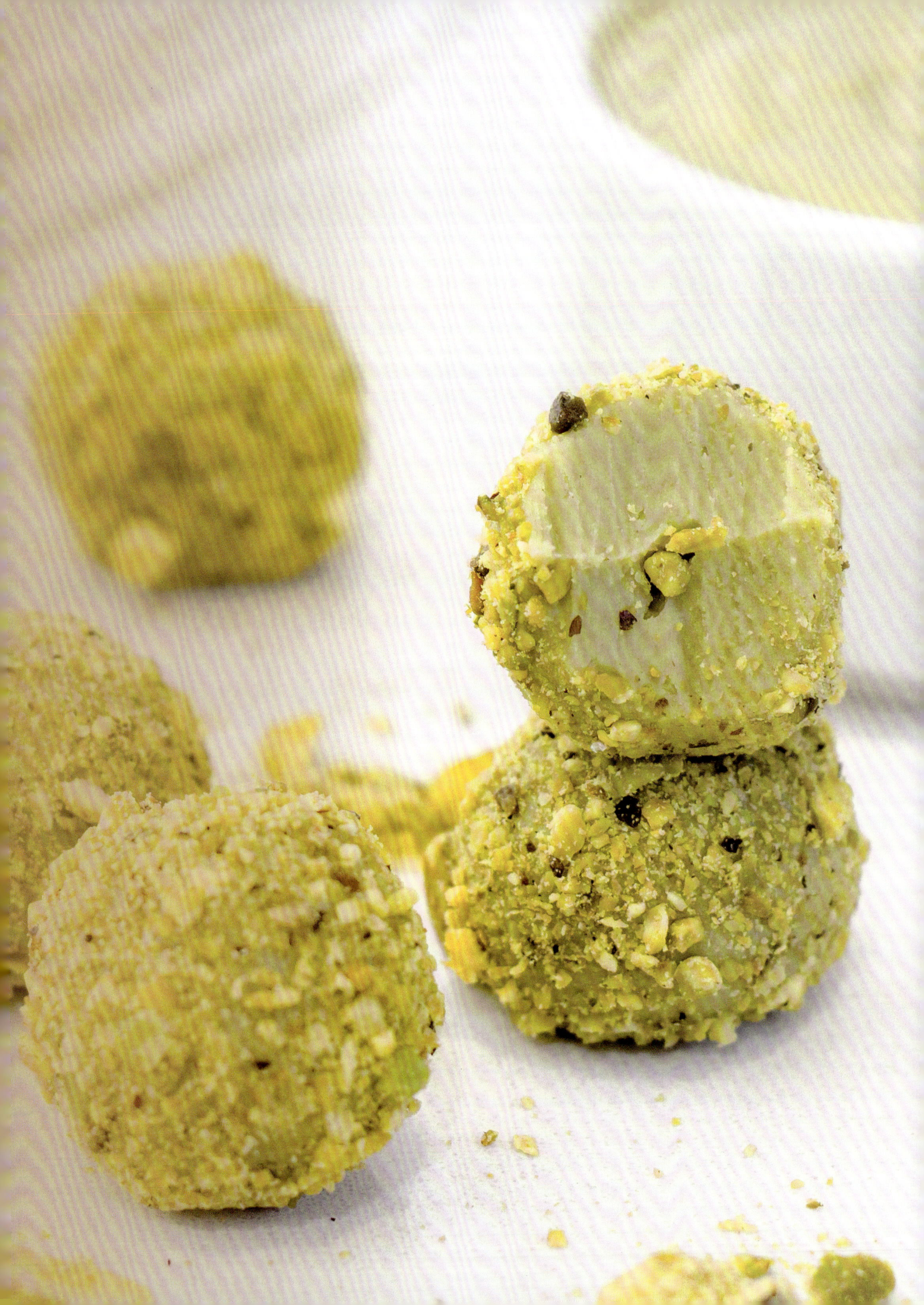

Brigadeiro de amendoim

Ingredientes
- 395 g de leite condensado
- 100 g de creme de leite
- 12 g de manteiga sem sal
- 3 paçocas de rolha em pedaços
- 10 g de glucose
- Confeitos de amendoim triturado

Modo de preparo
Leve ao fogo o leite condensado, o creme de leite e a manteiga. Quando a mistura ferver, acrescente as paçocas de rolhas e a glucose, mexendo até desgrudar do fundo da panela. Para finalizar, enrole e passe as bolinhas no amendoim triturado.

Temperatura
Fogo médio por aproximadamente 45 minutos.

Rendimento
400 g

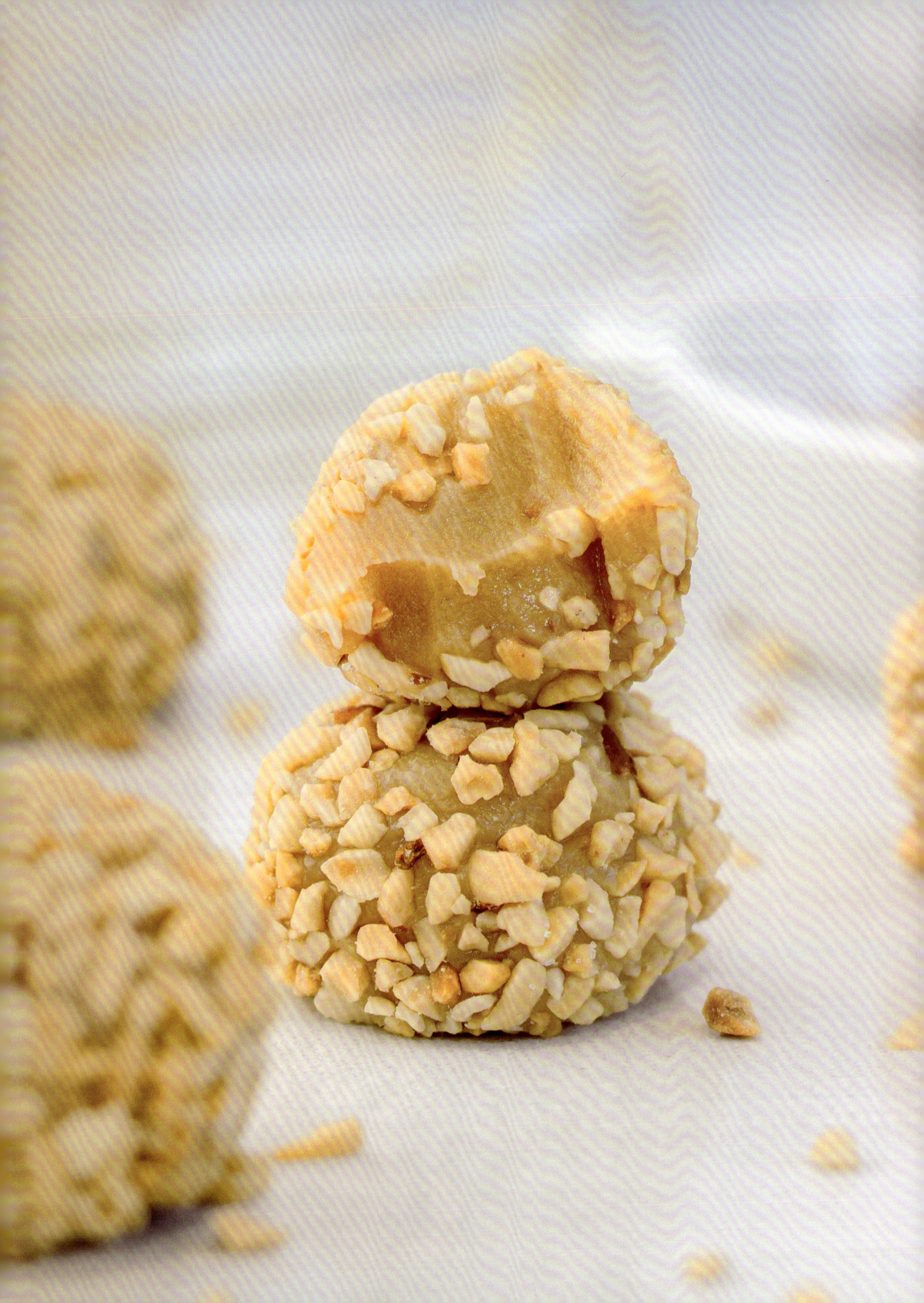

Brigadeiro de café

Ingredientes
- ☑ 200 g de brigadeiro meio amargo
- ☑ 10 g de pasta de café pura
- ☑ Cacau em pó 100%

Modo de preparo
Misture o brigadeiro meio amargo com a pasta de café até que a mistura fique homogênea. Para finalizar, enrole e passe as bolinhas no cacau em pó 100%.

Rendimento
10 unidades de 20 g

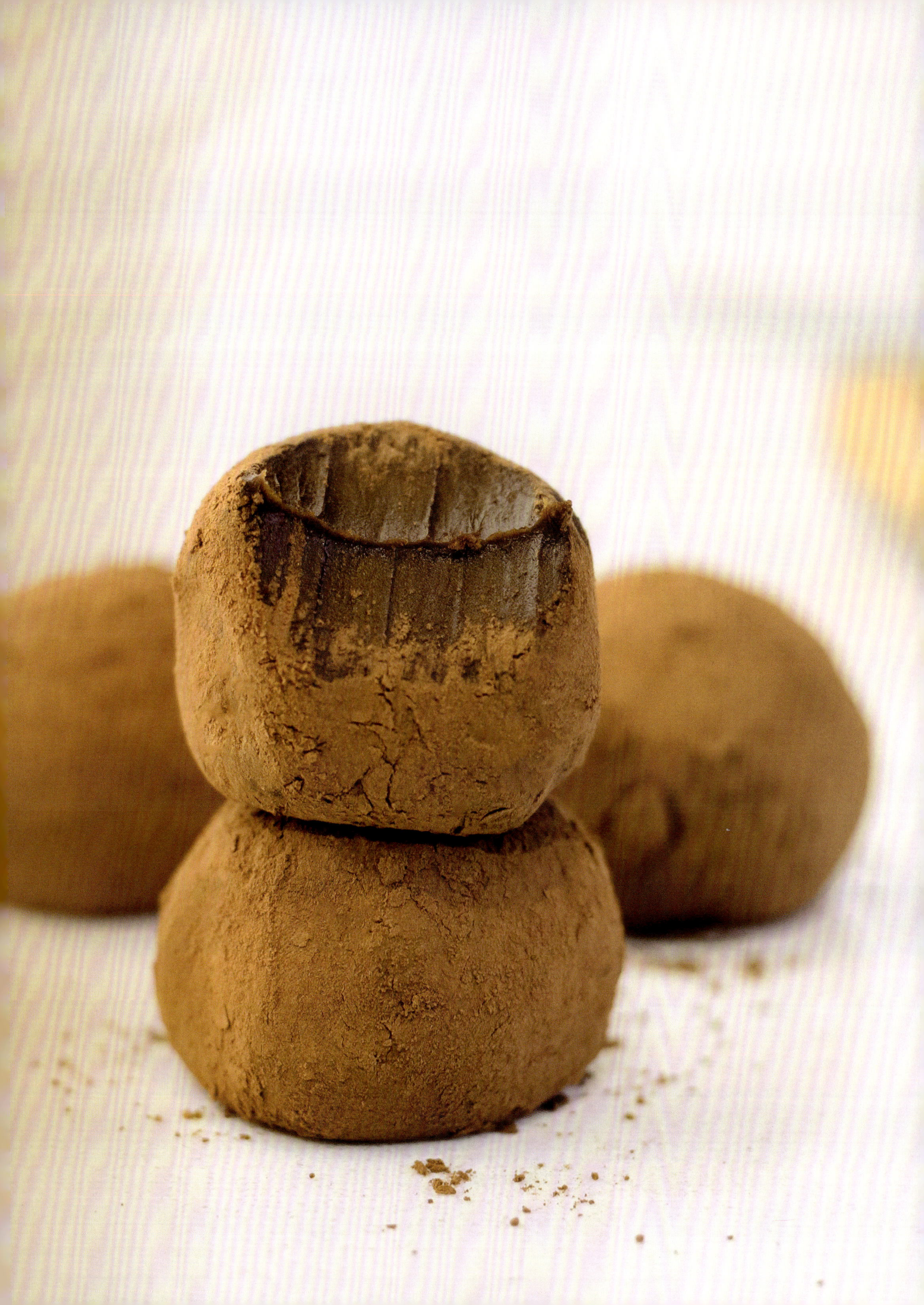

Vitrine

Gosto de vitrines do tamanho 1,5 a 2 metros. São da marca Refrimate. Todas são refrigeradas.

A vitrine é o meu cardápio. Eu amo poder apresentar os produtos por ela e não por meio de um cardápio de papel ou virtual. No início, é comum ter um pouco de dificuldade com as quantidades, mas com duas semanas de operação já é possível ter noção de quanto de cada produto precisa ser produzido de acordo com o fluxo de vendas da semana.

Vou dar alguns exemplos de montagens para você fazer uma bela vitrine – não se esqueça de intercalar as cores entre um produto e outro, pois isso faz toda a diferença! –, além de exemplos de bolos e minibolos, que são nossos carros-chefes e ótimos produtos de venda, simples de serem preparados com as bases de massas e de recheios descritas anteriormente.

PALETA
GOURMET
R$ 15,00

| Mini Bolo Meio Amargo R$ 14,90 | Mini Bolo Frutas Vermelhas R$ 14,90 | Mini Bolo Blend R$ 14,90 | Mini Bolo Limão Siciliano R$ 14,90 | Mini Bolo Nutelíssimo R$ 14,90 | Mini Bolo Negresco R$ 14,90 | Mini Bolo Pistache R$ 15,90 | Mini Bolo Chocomousse R$ 14,90 |

Caldas

Vamos começar pelos bolos especiais! Antes de montarmos o bolo, apresento minhas caldas favoritas:

1. Água e pasta de baunilha.
2. Água e leite condensado.
3. Leite de coco, leite condensado, Ninho e água.

A proporção das caldas com leite condensado é de acordo com o paladar, podendo ser mais ou menos doces.

A calda que mais uso é a de pasta concentrada. Para cada 1 litro de água, uso 5 gotas de pasta de baunilha Fabbri.

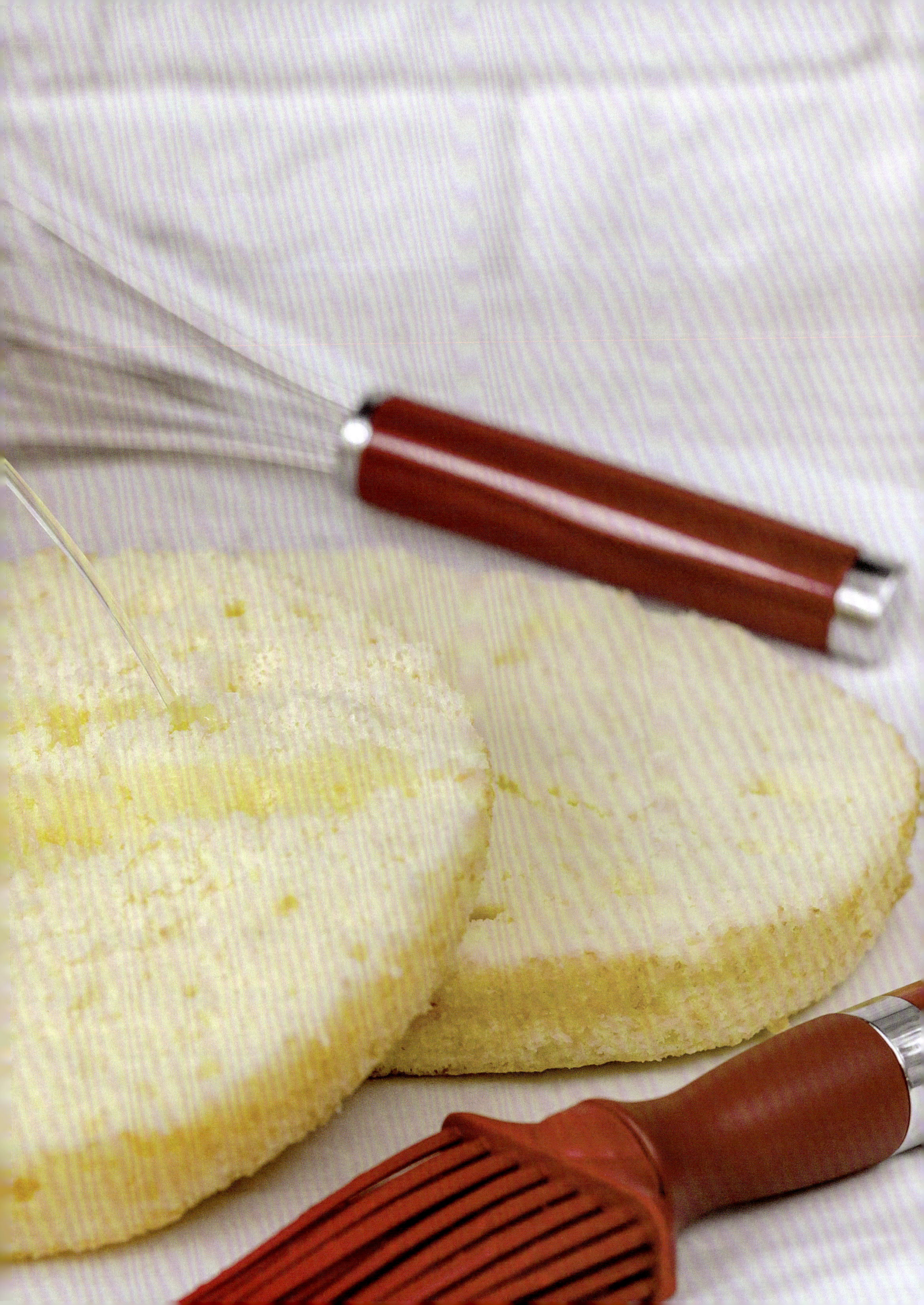

Bolos especiais

Os mais vendidos nas lojas Mara Cakes são os de aro 15. Eles pesam 1,5 kg e servem de 10 a 15 pessoas.

☑ **200 g de massa e 200 g de recheio por camada**

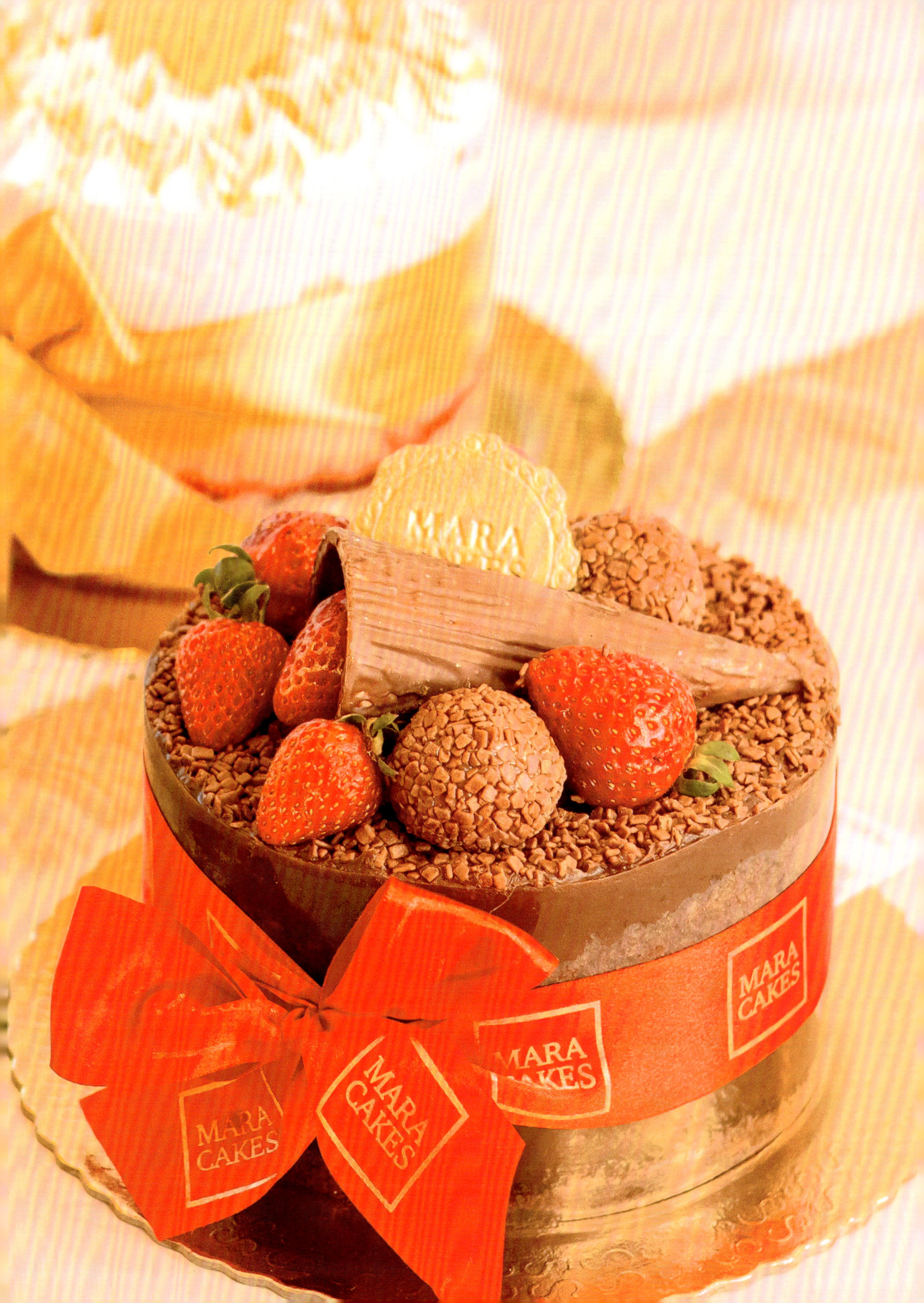
MARA
MARA CAKES
MARA CAKES
MARA CAKES
MARA CAKES

Chocomusse

Montagem

- [x] 1. Massa de chocolate
- [x] 2. Brigadeiro ao leite consistente
- [x] 3. Massa de chocolate
- [x] 4. Musse de chocolate
- [x] 5. Massa de chocolate
- [x] 6. Brigadeiro ao leite consistente
- [x] 7. Confeitos de chocolate ao leite split
- [x] 8. Cinco brigadeiros ao leite
- [x] 9. Seis morangos inteiros
- [x] 10. Casquinha de sorvete banhada no chocolate

Musse de chocolate

Misture 300 g de chocolate derretido com 100 g de chantili batido e leve para gelar.

Comece colocando uma pequena quantidade de brigadeiro no prato para fixar o primeiro disco de massa. Em seguida, circule o primeiro disco com acetato e feche com fita adesiva transparente ou personalizada. Continue o processo e não se esqueça de umedecer todas as massas com uma calda de sua preferência.

Prato: 21 cm
Acetato: 10 cm

MARA CAKES

Ao leite

Montagem

- [x] 1. Massa de chocolate
- [x] 2. Brigadeiro ao leite consistente
- [x] 3. Massa de chocolate
- [x] 4. Brigadeiro ao leite consistente
- [x] 5. Massa de chocolate
- [x] 6. Brigadeiro ao leite consistente
- [x] 7. Confeitos de chocolate ao leite split
- [x] 8. Oito brigadeiros ao leite

Comece colocando uma pequena quantidade de brigadeiro no prato para fixar o primeiro disco de massa. Em seguida, circule o primeiro disco com acetato e feche com fita adesiva transparente ou personalizada. Continue o processo e não se esqueça de umedecer todas as massas com uma calda de sua preferência.

Prato: 21 cm
Acetato: 10 cm

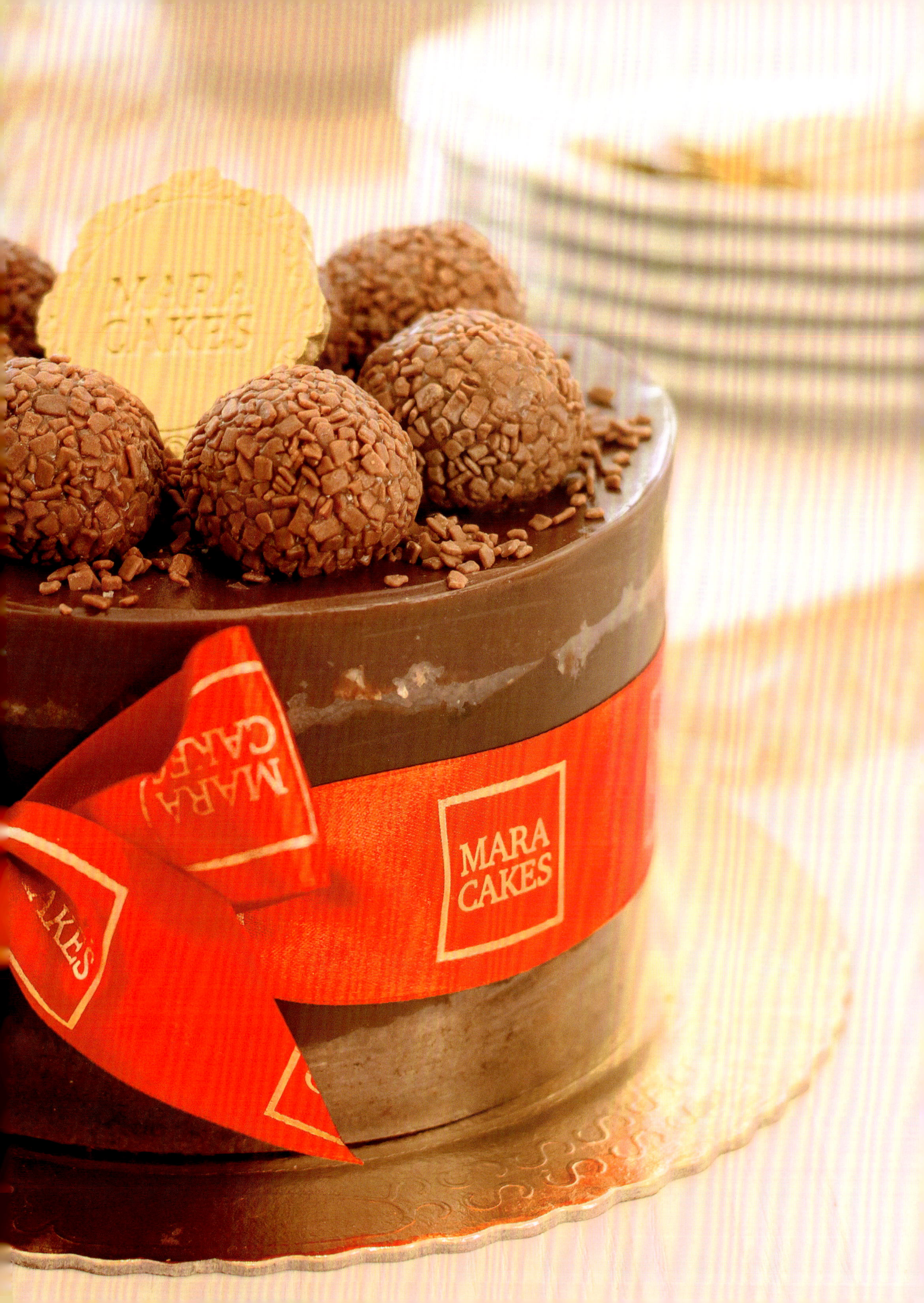
MARA
CAKES

Ninho e morango

Montagem

- [x] 1. Massa branca
- [x] 2. Brigadeiro de Ninho consistente
- [x] 3. Morango em pedaços
- [x] 4. Massa branca
- [x] 5. Brigadeiro de Ninho consistente
- [x] 6. Morango em pedaços
- [x] 7. Massa branca
- [x] 8. Brigadeiro de Ninho consistente
- [x] 9. Seis morangos inteiros
- [x] 10. Seis brigadeiros de Ninho

Comece colocando uma pequena quantidade de brigadeiro no prato para fixar o primeiro disco de massa. Em seguida, circule o primeiro disco com acetato e feche com fita adesiva transparente ou personalizada. Continue o processo e não se esqueça de umedecer todas as massas com uma calda de sua preferência.

Prato: 21 cm
Acetato: 10 cm

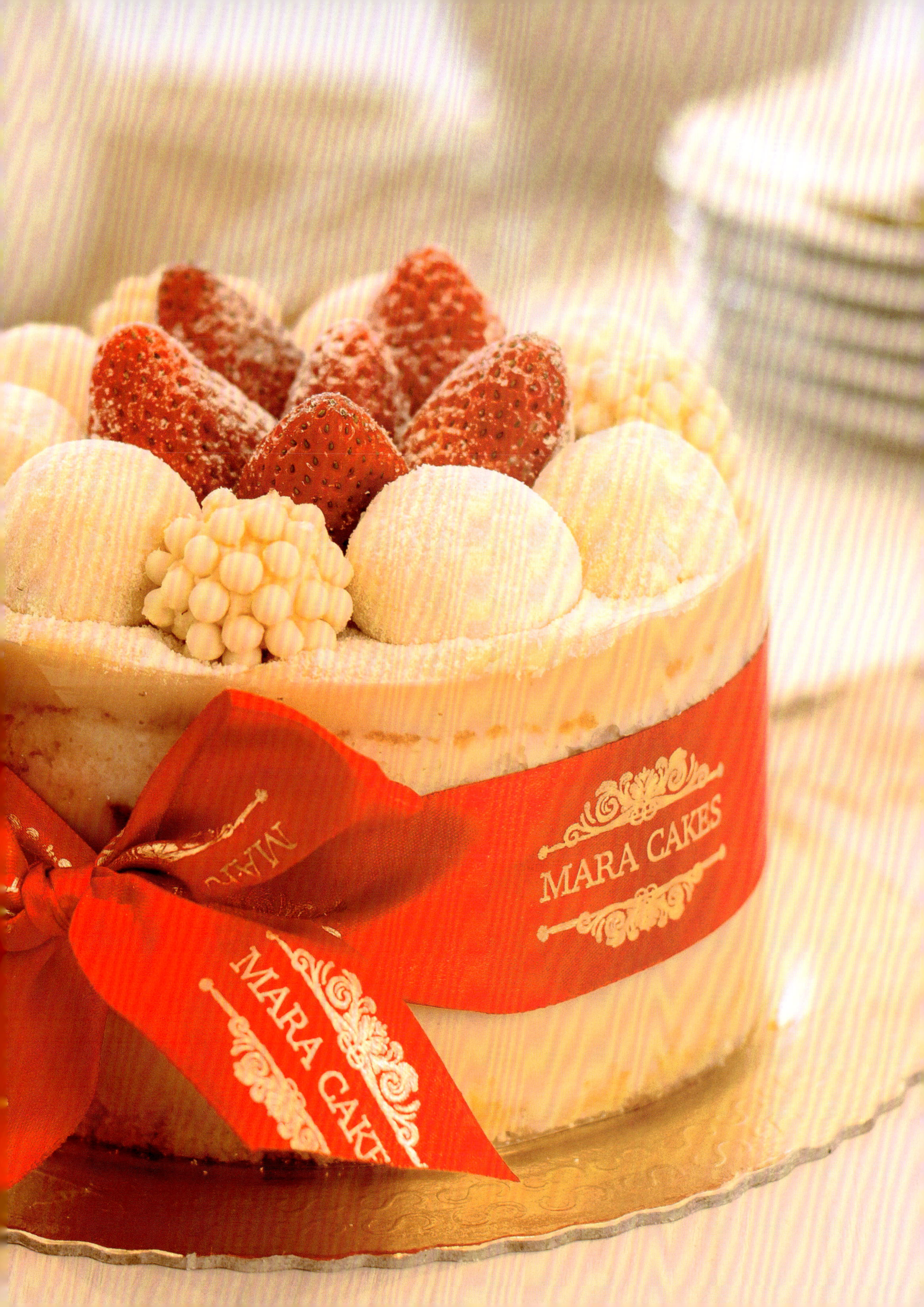
MARA CAKES
MARA CAKES

Nutellíssimo

Montagem

- [x] 1. Massa de chocolate
- [x] 2. Brigadeiro ao leite consistente
- [x] 3. Nutella
- [x] 4. Ovomaltine
- [x] 5. Massa de chocolate
- [x] 6. Brigadeiro ao leite consistente
- [x] 7. Nutella
- [x] 8. Ovomaltine
- [x] 9. Massa de chocolate
- [x] 10. Brigadeiro ao leite consistente
- [x] 11. Nutella
- [x] 12. Ovomaltine
- [x] 13. Seis morangos mergulhados na Nutella

Comece colocando uma pequena quantidade de brigadeiro no prato para fixar o primeiro disco de massa. Em seguida, circule o primeiro disco com acetato e feche com fita adesiva transparente ou personalizada. Continue o processo e não se esqueça de umedecer todas as massas com uma calda de sua preferência.

Prato: 21 cm
Acetato: 10 cm

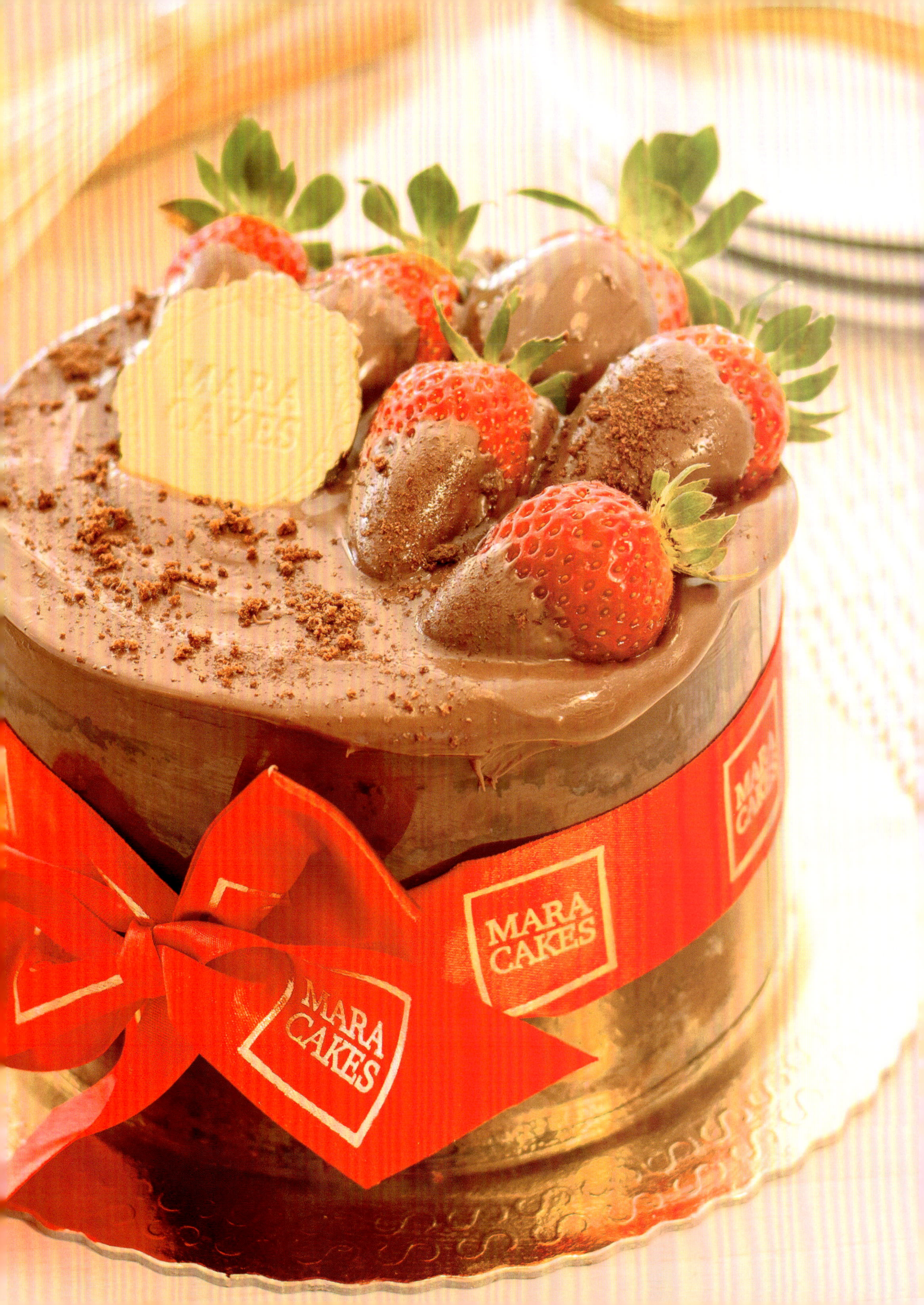
MARA CAKES
MARA CAKES
MARA CAKES

Blend

Montagem

- [x] 1. Massa de chocolate
- [x] 2. Brigadeiro ao leite consistente
- [x] 3. Massa de chocolate
- [x] 4. Brigadeiro meio amargo consistente
- [x] 5. Massa de chocolate
- [x] 6. Brigadeiro ao leite consistente
- [x] 7. Confeitos de chocolate amargo split
- [x] 8. Confeitos de chocolate ao leite split
- [x] 9. Quatro brigadeiros ao leite
- [x] 10. Quatro brigadeiros meio amargos

Comece colocando uma pequena quantidade de brigadeiro no prato para fixar o primeiro disco de massa. Em seguida, circule o primeiro disco com acetato e feche com fita adesiva transparente ou personalizada. Continue o processo e não se esqueça de umedecer todas as massas com uma calda de sua preferência.

Prato: 21 cm
Acetato: 10 cm

MARA CAKES

Kitkat

Montagem
- [x] 1. Massa de chocolate
- [x] 2. Brigadeiro ao leite consistente
- [x] 3. Kitkat em pedaços
- [x] 4. Massa de chocolate
- [x] 5. Brigadeiro ao leite consistente
- [x] 6. Kitkat em pedaços
- [x] 7. Massa de chocolate
- [x] 8. Brigadeiro ao leite consistente
- [x] 9. Seis pacotes de Kitkat para dispor ao redor
- [x] 10. Confeitos de chocolate ao leite split
- [x] 11. Cinco morangos inteiros

Comece colocando uma pequena quantidade de brigadeiro no prato para fixar o primeiro disco de massa. Em seguida, circule o primeiro disco com acetato e feche com fita adesiva transparente ou personalizada. Continue o processo e não se esqueça de umedecer todas as massas com uma calda de sua preferência.

Prato: 21 cm
Acetato: 10 cm

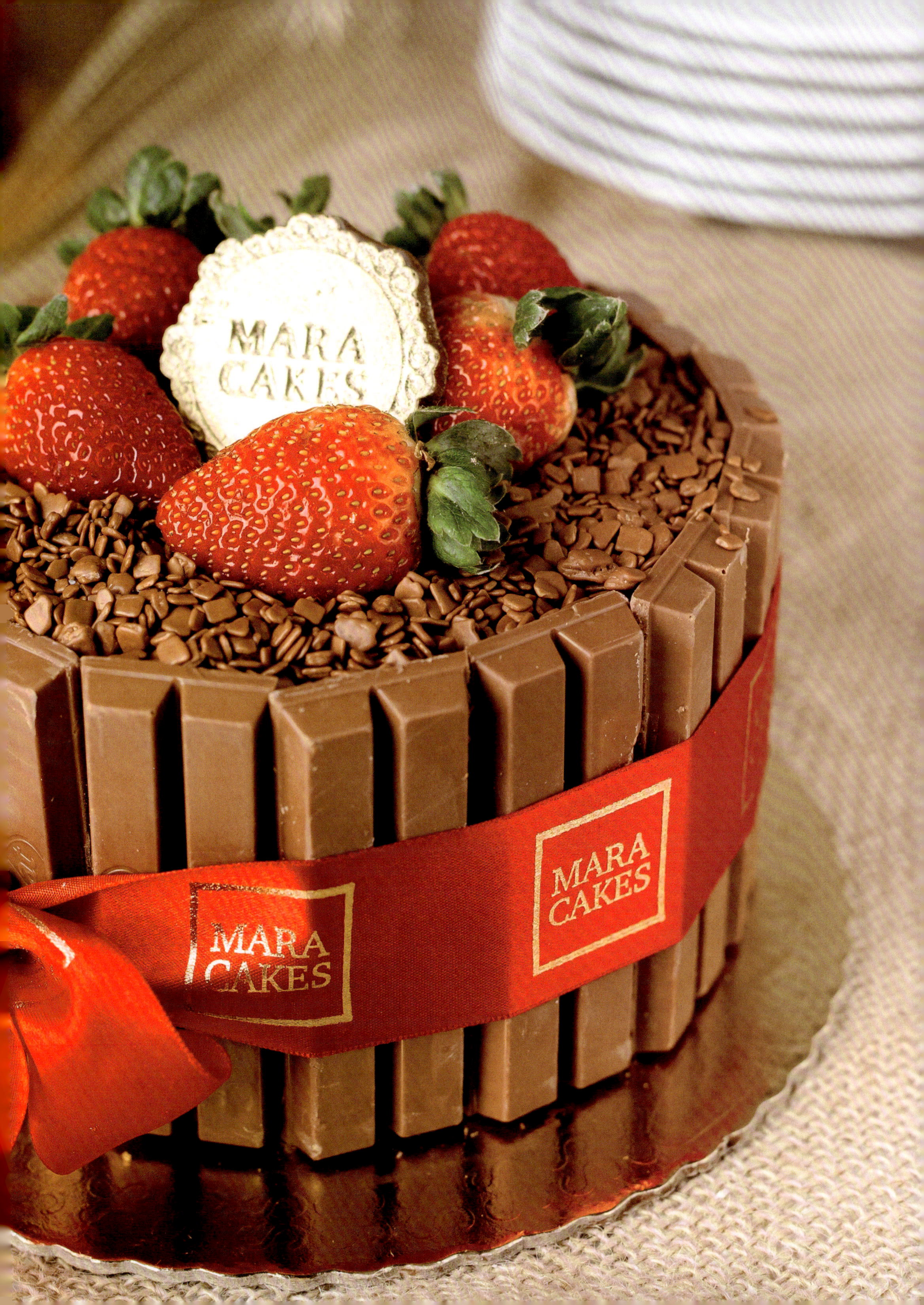
MARA
CAKES
MARA
CAKES
MARA
CAKES

Suspiro de morango

Montagem
- ☑ 1. Massa branca
- ☑ 2. Brigadeiro de Ninho consistente
- ☑ 3. Morangos em pedaços
- ☑ 4. Pedaços de suspiros
- ☑ 5. Massa branca
- ☑ 6. Brigadeiro de Ninho consistente
- ☑ 7. Morangos em pedaços
- ☑ 8. Pedaços de suspiros
- ☑ 9. Massa branca
- ☑ 10. Brigadeiro de Ninho consistente
- ☑ 11. Morangos cortados ao meio no topo
- ☑ 12. Suspiros inteiros na lateral

Comece colocando uma pequena quantidade de brigadeiro no prato para fixar o primeiro disco de massa. Em seguida, circule o primeiro disco com acetato e feche com fita adesiva transparente ou personalizada. Continue o processo e não se esqueça de umedecer todas as massas com uma calda de sua preferência.

Prato: 21 cm
Acetato: 10 cm

O segredo para os suspiros ficarem fixos assim é passar chocolate branco fracionado no bolo antes de colocá-los!

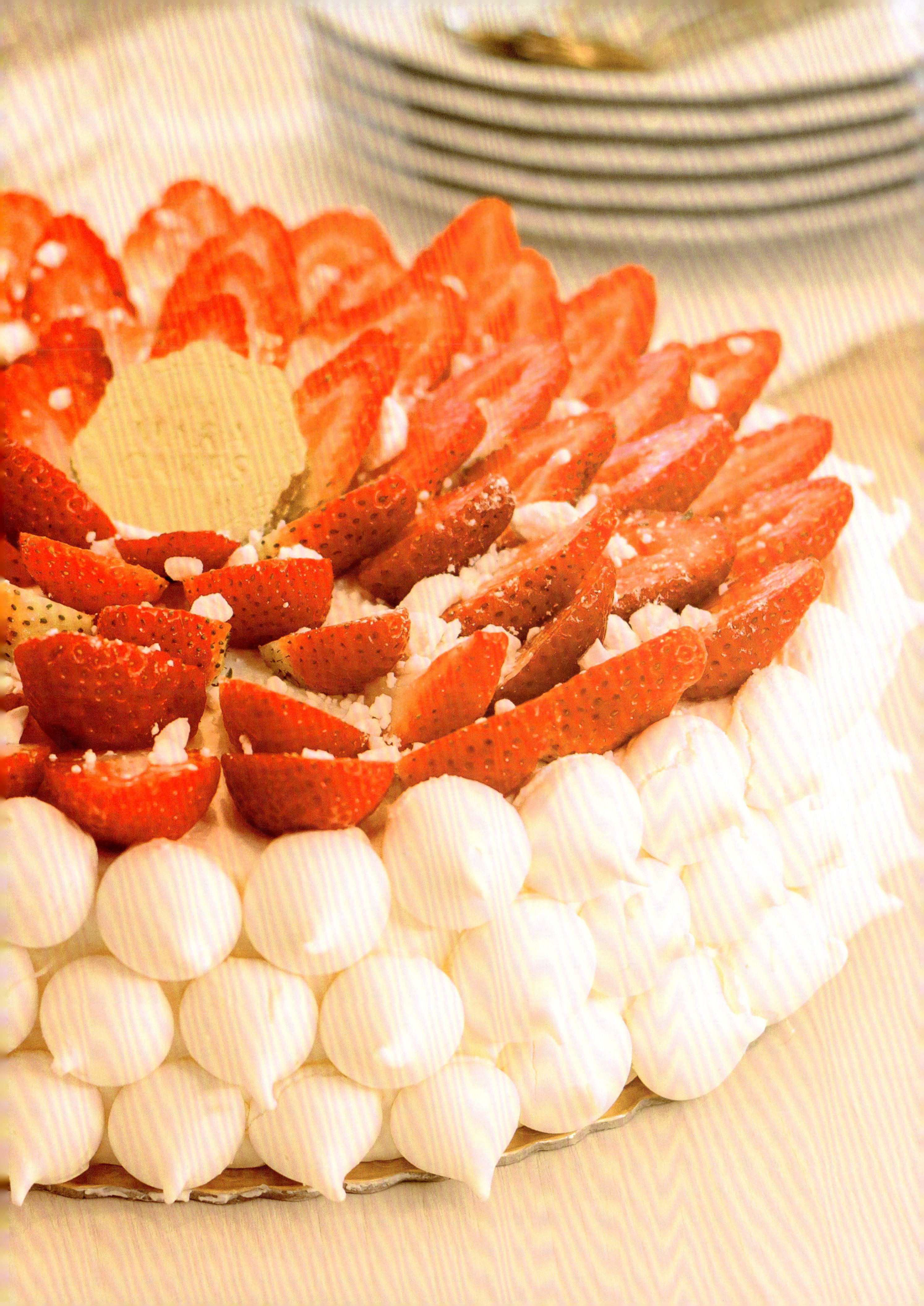

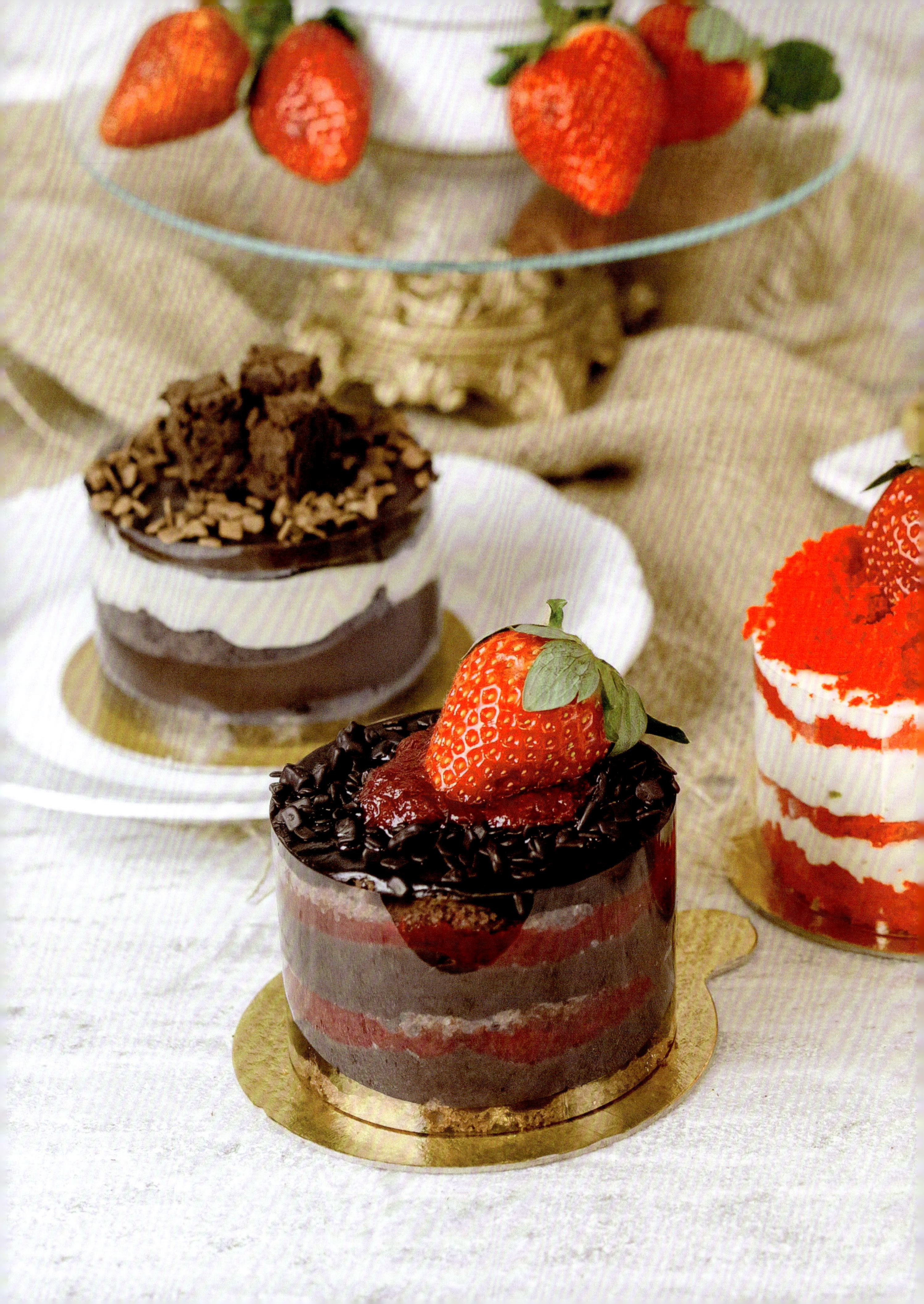

O minibolo é o produto mais vendido de todo o nosso *mix*. Não oferecemos fatias por acreditar que degustar um produto único, feito exclusivamente para cada cliente, é uma experiência especial.

☑ **20 g de massa por camada e 50 g de recheio**

Minibolos

Red velvet

Montagem
- [x] 1. Massa red velvet
- [x] 2. Recheio de cream cheese
- [x] 3. Massa red velvet
- [x] 4. Recheio de cream cheese
- [x] 5. Massa red velvet
- [x] 6. Recheio de cream cheese
- [x] 7. Polvilhar massa red velvet
- [x] 8. Morango inteiro

Comece colocando uma pequena quantidade de brigadeiro branco ou cream cheese no prato para fixar o primeiro disco de massa. Em seguida, circule o primeiro disco com acetato e feche com fita adesiva transparente ou personalizada. Continue o processo e não se esqueça de umedecer todas as camadas de massa com uma calda de sua preferência.

Prato: 10 cm
Cortador redondo: 8 cm
Acetato: 5 cm

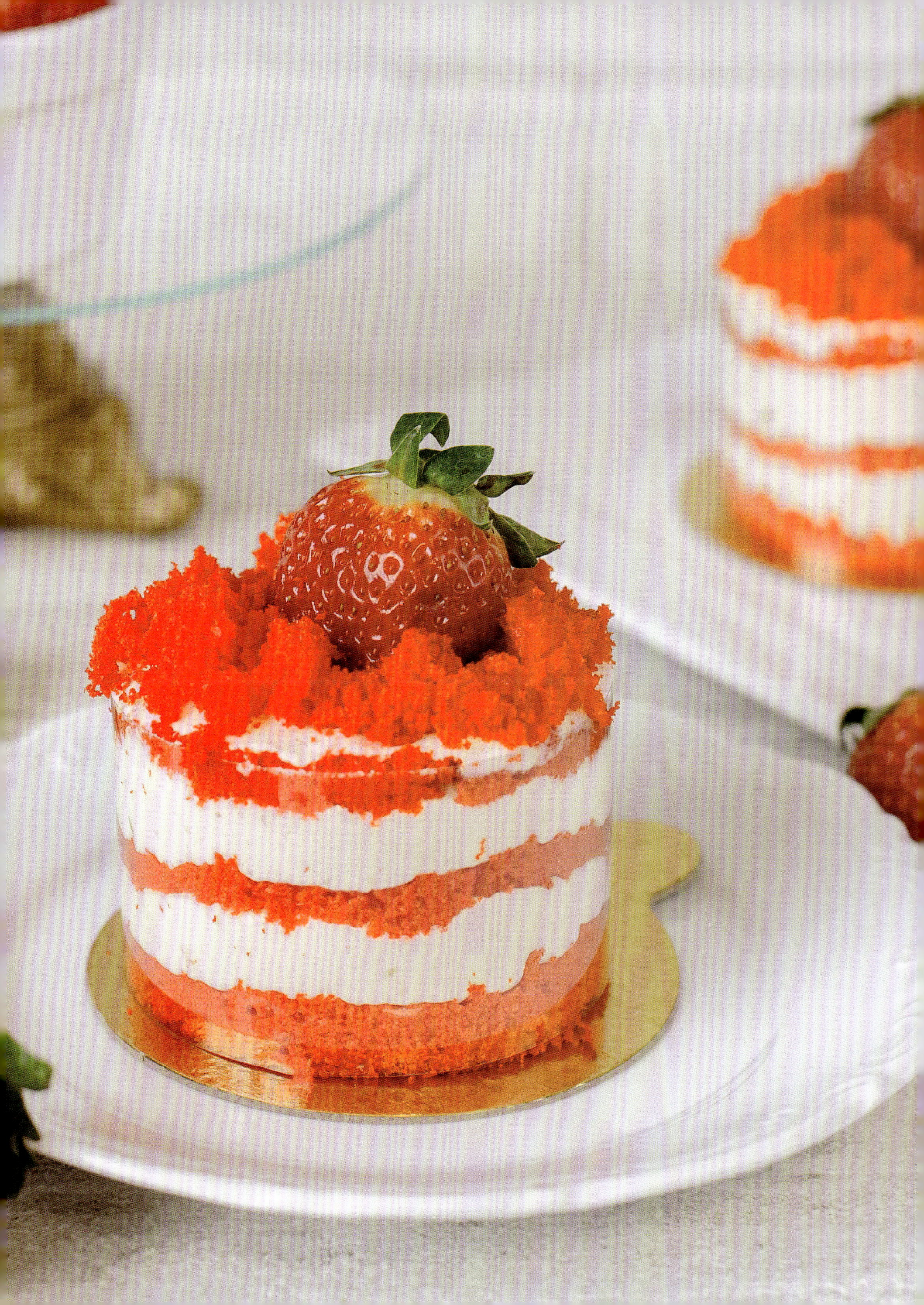

Mil-folhas de morango

Montagem

- ☑ 1. Massa branca
- ☑ 2. Doce de leite suave
- ☑ 3. Pedaços de massa folhada
- ☑ 4. Morangos em pedaços
- ☑ 5. Massa branca
- ☑ 6. Doce de leite suave
- ☑ 7. Pedaços de massa folhada
- ☑ 8. Morangos em pedaços
- ☑ 9. Massa branca
- ☑ 10. Doce de leite suave
- ☑ 11. Massa folhada polvilhada
- ☑ 12. Morango inteiro

Comece colocando uma pequena quantidade de doce de leite suave no prato para fixar o primeiro disco de massa. Em seguida, circule o primeiro disco com acetato e feche com fita adesiva transparente ou personalizada. Continue o processo e não se esqueça de umedecer todas as camadas de massa com uma calda de sua preferência.

Prato: 10 cm
Cortador redondo: 8 cm
Acetato: 5 cm

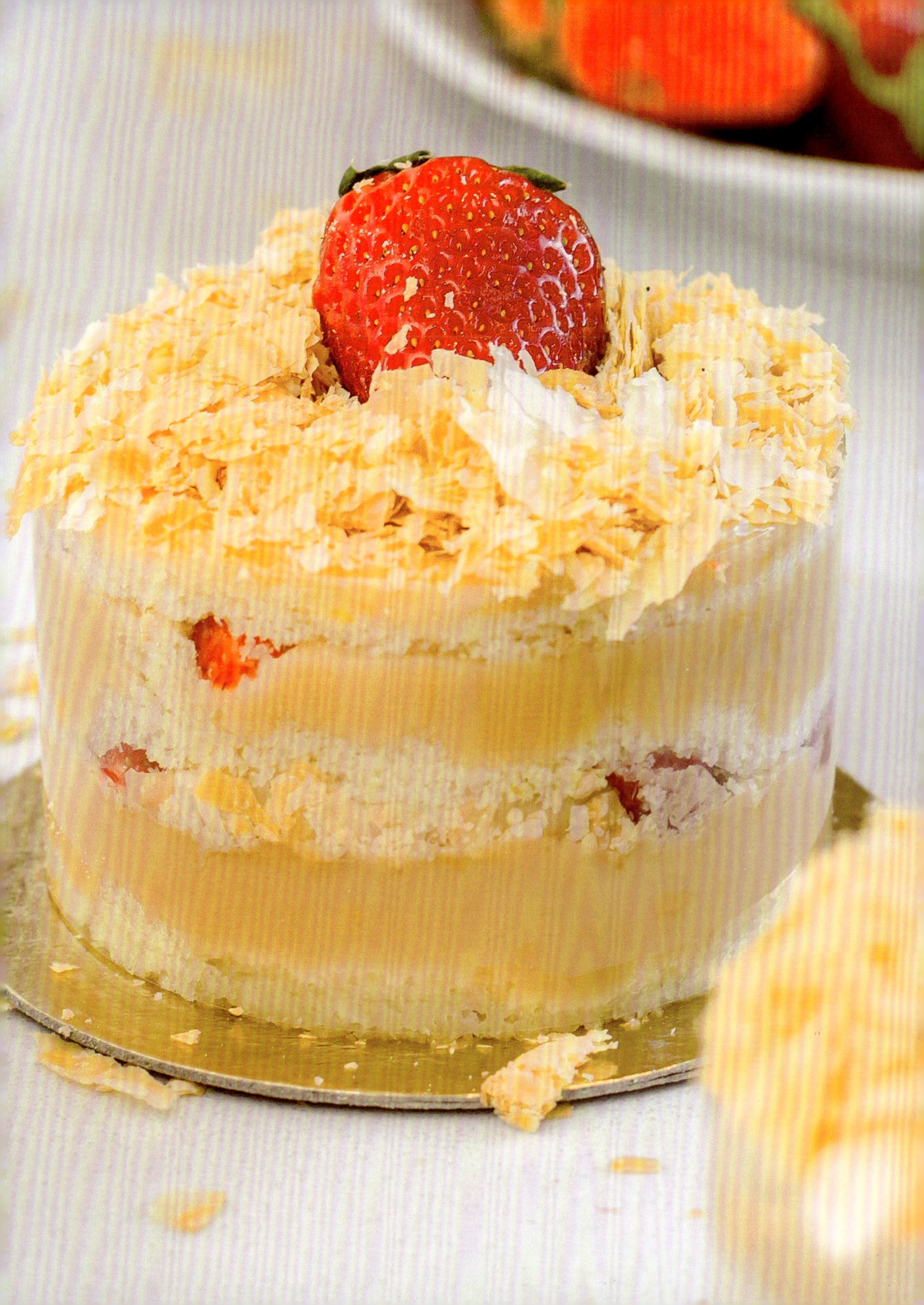

Chocobrownie

Montagem
- [x] 1. Massa de brownie
- [x] 2. Brigadeiro ao leite consistente
- [x] 3. Massa de brownie
- [x] 4. Brigadeiro de Ninho consistente
- [x] 5. Massa de brownie
- [x] 6. Brigadeiro ao leite consistente
- [x] 7. Brownie em cubos
- [x] 8. Confeitos de chocolate ao leite split

Comece colocando uma pequena quantidade de brigadeiro no prato para fixar o primeiro disco de massa. Em seguida, circule o primeiro disco com acetato e feche com fita adesiva transparente ou personalizada. Continue o processo e não se esqueça de umedecer todas as camadas de massa com uma calda de sua preferência.

Prato: 10 cm
Cortador redondo: 8 cm
Acetato: 5 cm

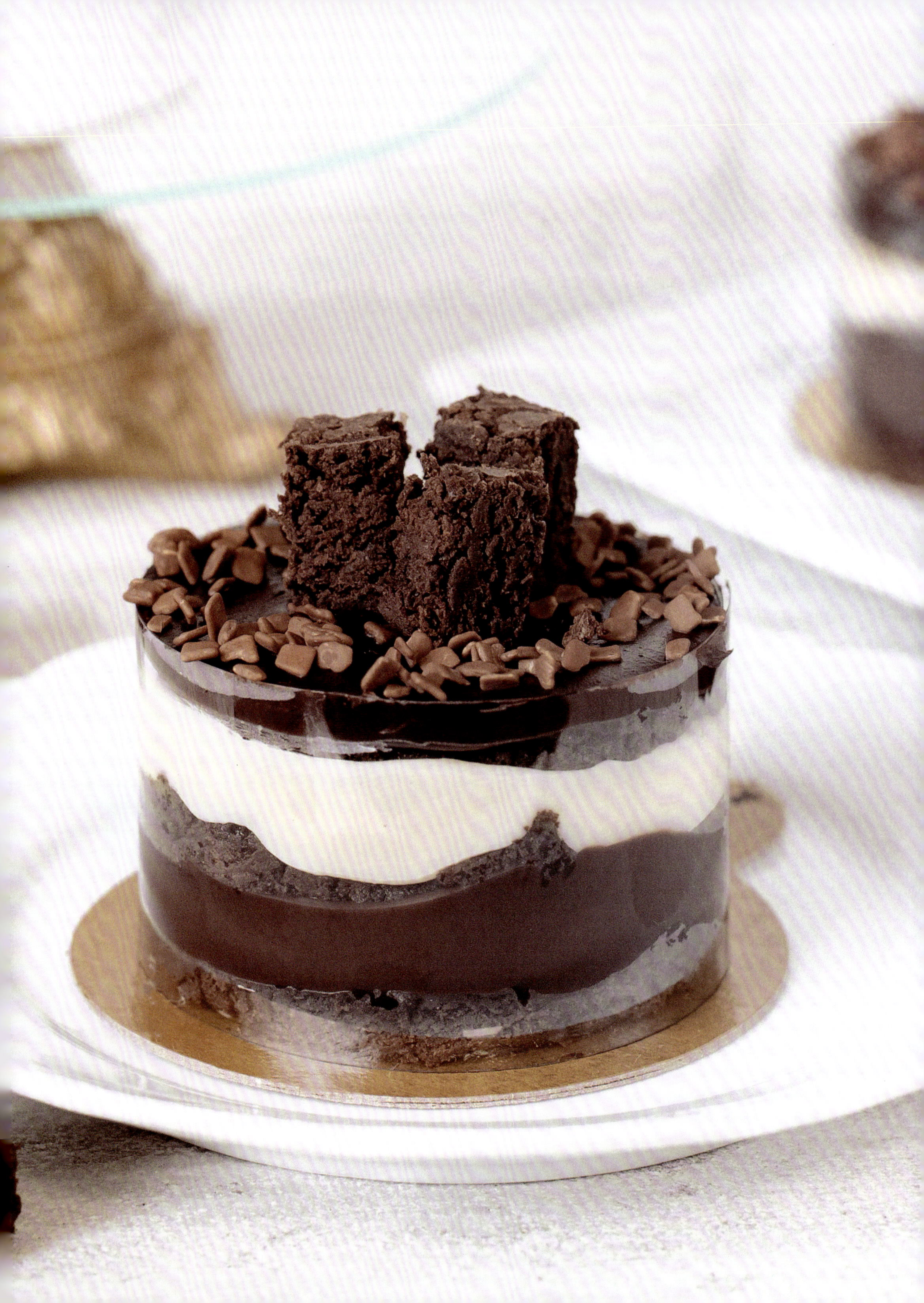

Meio amargo e frutas vermelhas

Montagem

- [x] 1. Massa de chocolate
- [x] 2. Brigadeiro meio amargo
- [x] 3. Geleia de frutas vermelhas
- [x] 4. Massa de chocolate
- [x] 5. Brigadeiro meio amargo
- [x] 6. Geleia de frutas vermelhas
- [x] 7. Massa de chocolate
- [x] 8. Geleia de frutas vermelhas
- [x] 9. Morango inteiro
- [x] 10. Confeitos de chocolate amargo split

Comece colocando uma pequena quantidade de brigadeiro no prato para fixar o primeiro disco de massa. Em seguida, circule o primeiro disco com acetato e feche com fita adesiva transparente ou personalizada. Continue o processo e não se esqueça de umedecer todas as camadas de massa com uma calda de sua preferência.

Prato: 10 cm
Cortador redondo: 8 cm
Acetato: 5 cm

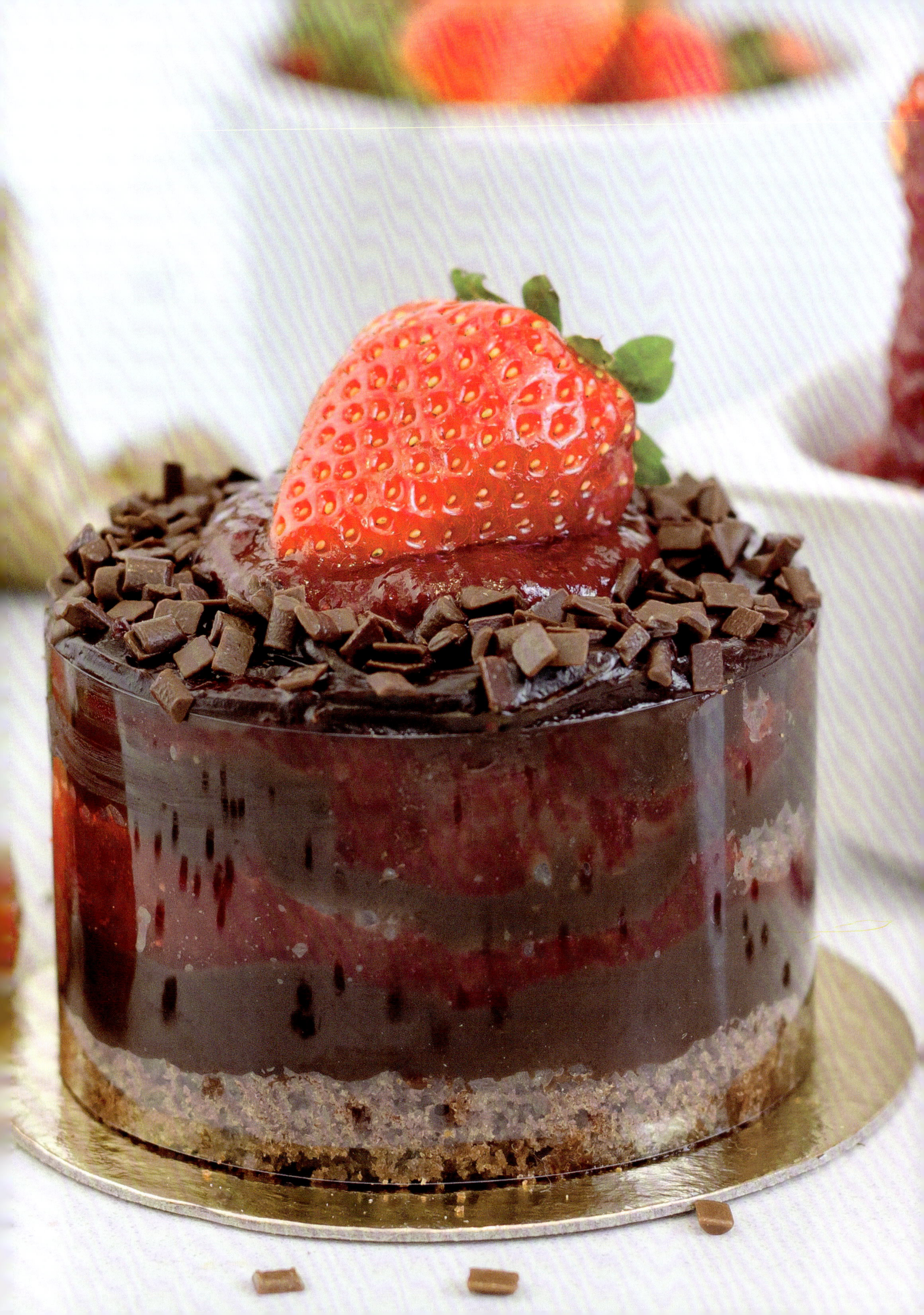

Nozes e doce de leite

Montagem
- [x] 1. Massa branca
- [x] 2. Brigadeiro de doce de leite suave
- [x] 3. Nozes moídas
- [x] 4. Massa branca
- [x] 5. Brigadeiro de doce de leite suave
- [x] 6. Nozes moídas
- [x] 7. Massa branca
- [x] 8. Brigadeiro de doce de leite suave
- [x] 9. Noz inteira

Comece colocando uma pequena quantidade de brigadeiro no prato para fixar o primeiro disco de massa. Em seguida, circule o primeiro disco com acetato e feche com fita adesiva transparente ou personalizada. Continue o processo e não se esqueça de umedecer todas as camadas de massa com uma calda de sua preferência.

Prato: 10 cm
Cortador redondo: 8 cm
Acetato: 5 cm

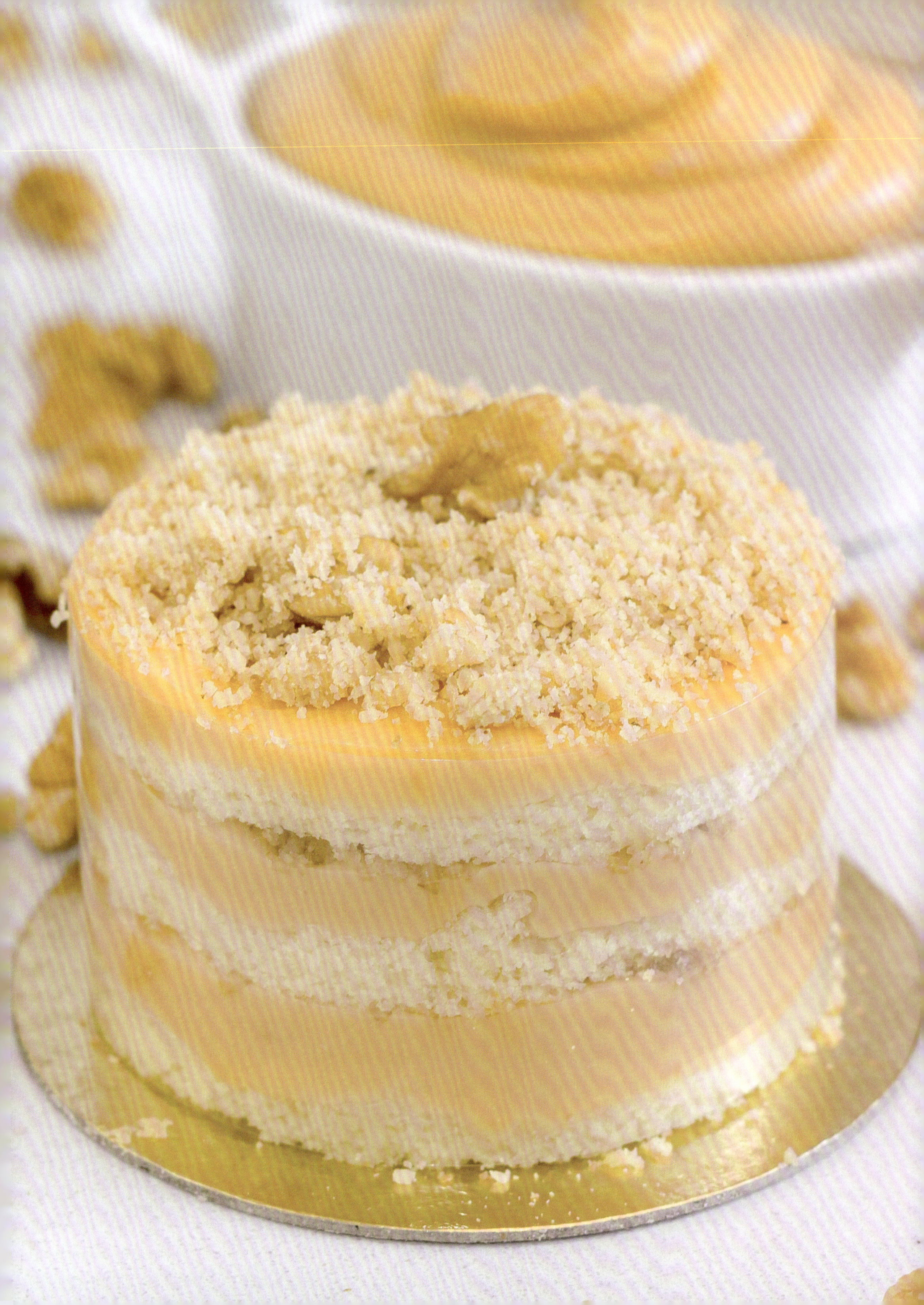

Nutellíssimo

Montagem
- [x] 1. Massa de chocolate
- [x] 2. Brigadeiro ao leite consistente
- [x] 3. Nutella
- [x] 4. Massa de chocolate
- [x] 5. Brigadeiro ao leite consistente
- [x] 6. Nutella
- [x] 7. Massa de chocolate
- [x] 8. Brigadeiro ao leite consistente
- [x] 9. Nutella
- [x] 10. Um morango mergulhado na Nutella
- [x] 11. Confeitos de chocolate ao leite split

Comece colocando uma pequena quantidade de brigadeiro no prato para fixar o primeiro disco de massa. Em seguida, circule o primeiro disco com acetato e feche com fita adesiva transparente ou personalizada. Continue o processo e não se esqueça de umedecer todas as camadas de massa com uma calda de sua preferência.

Prato: 10 cm
Cortador redondo: 8 cm
Acetato: 5 cm

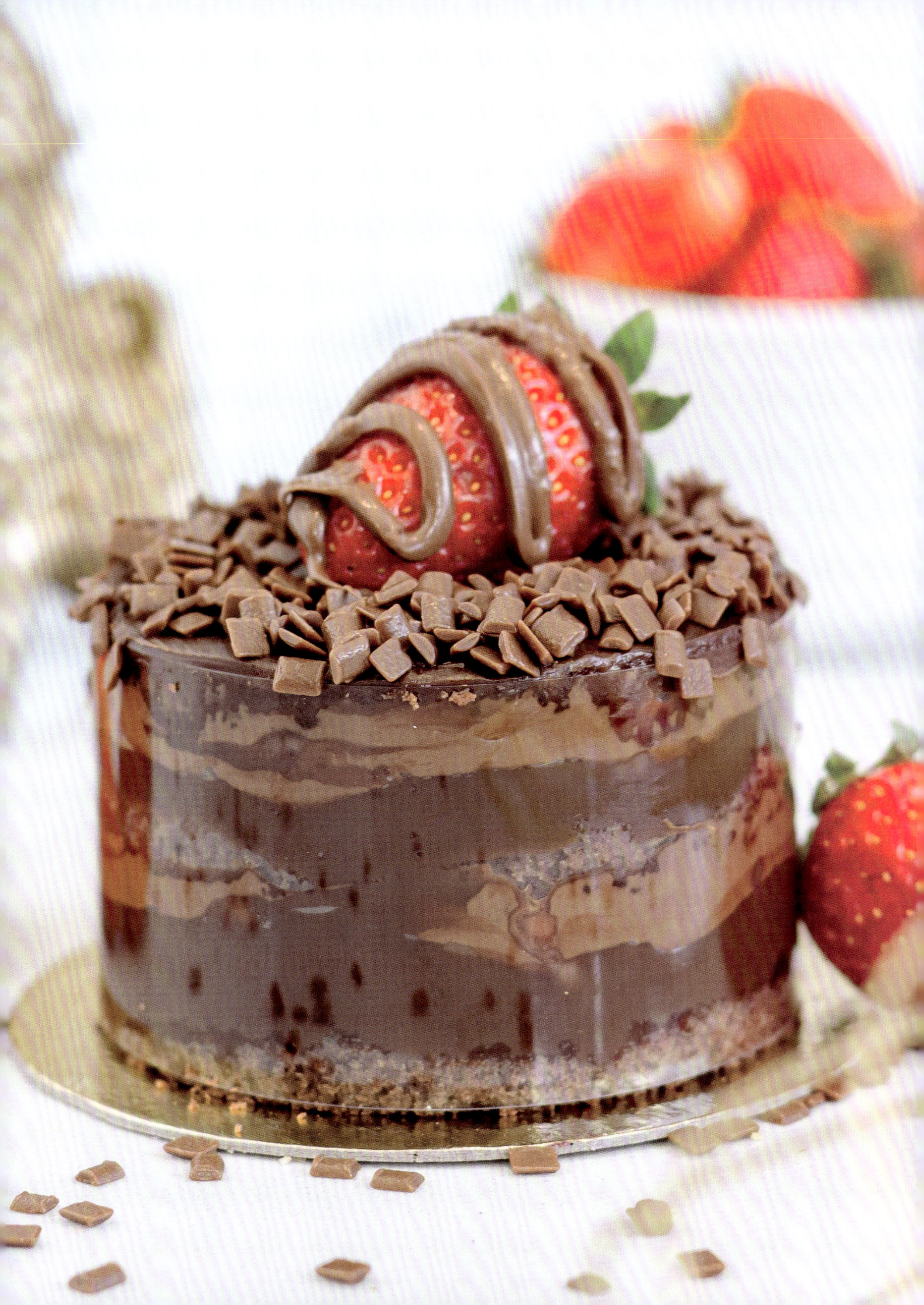

Pistache

Montagem
- [x] 1. Massa branca
- [x] 2. Recheio de pistache
- [x] 3. Massa branca
- [x] 4. Recheio de pistache
- [x] 5. Massa branca
- [x] 6. Recheio de pistache
- [x] 7. Pistaches triturados
- [x] 8. Pistaches inteiros

Comece colocando uma pequena quantidade de brigadeiro no prato para fixar o primeiro disco de massa. Em seguida, circule o primeiro disco com acetato e feche com fita adesiva transparente ou personalizada. Continue o processo e não se esqueça de umedecer todas as camadas de massa com uma calda de sua preferência.

Prato: 10 cm
Cortador redondo: 8 cm
Acetato: 5 cm

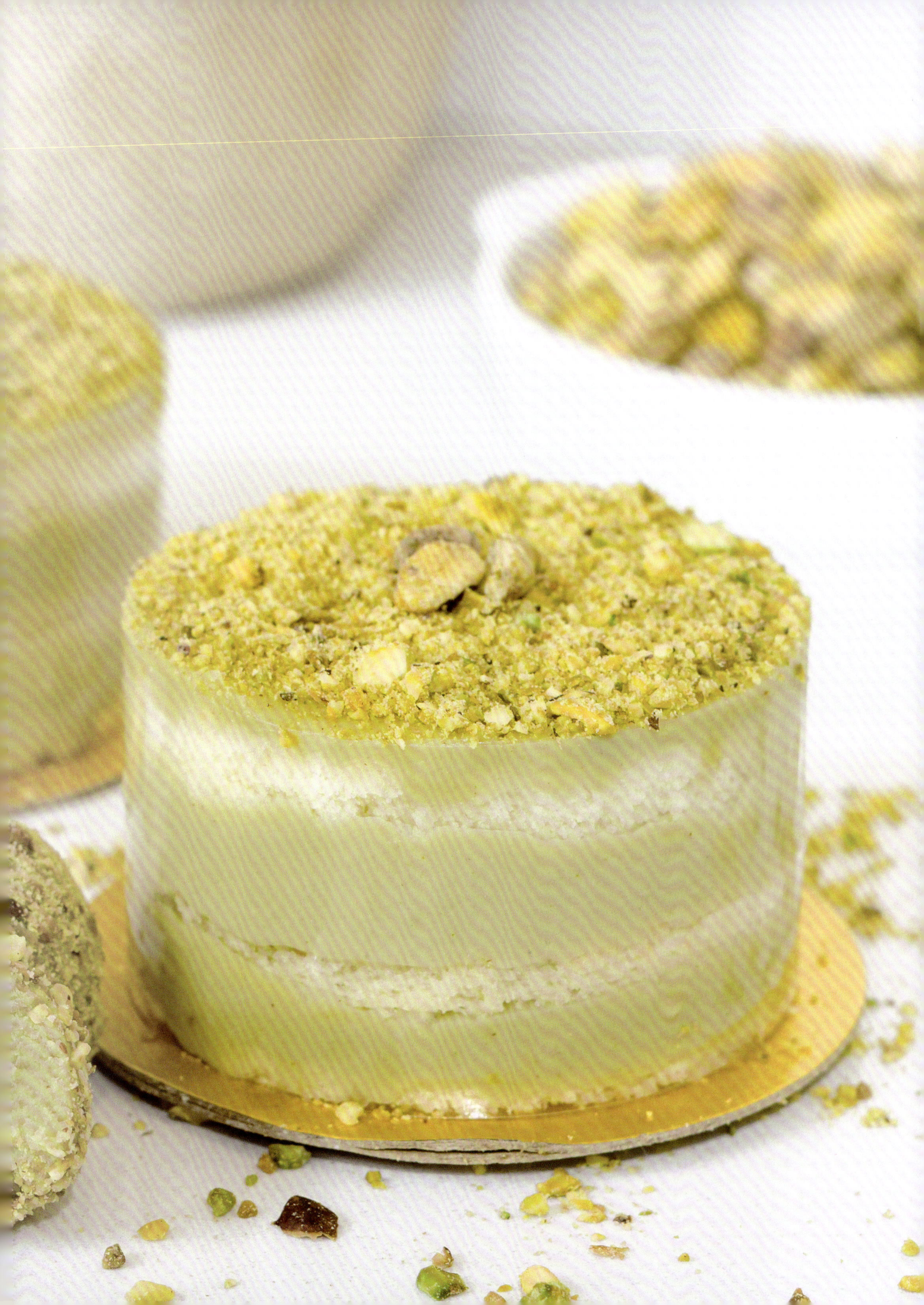

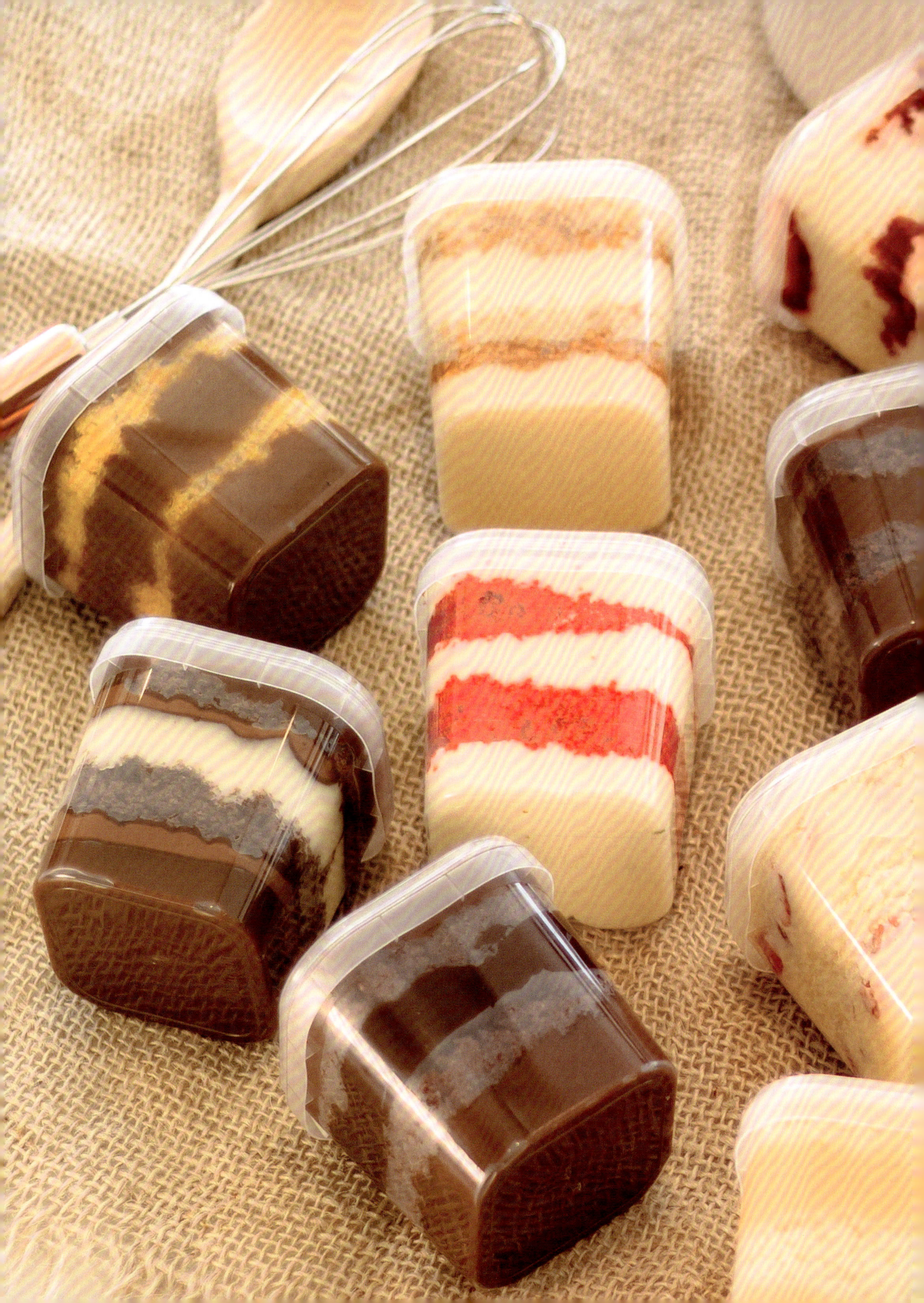

Bolo de pote

O que mais gosto do bolo de pote é poder aproveitar as massas que sobram. Só não se esqueça de retirar as cascas mais escuras. Faça isso antes de armazenar. Assim, quando for montar o pote, a massa estará pronta para uso.

MARA
CAKES

Ninho e avelã

Montagem
- [x] 1. Brigadeiro ao leite cremoso
- [x] 2. Nutella
- [x] 3. Massa de chocolate
- [x] 4. Brigadeiro ao leite cremoso
- [x] 5. Nutella
- [x] 6. Massa de chocolate
- [x] 7. Brigadeiro ao leite cremoso

Pote de 220 mL

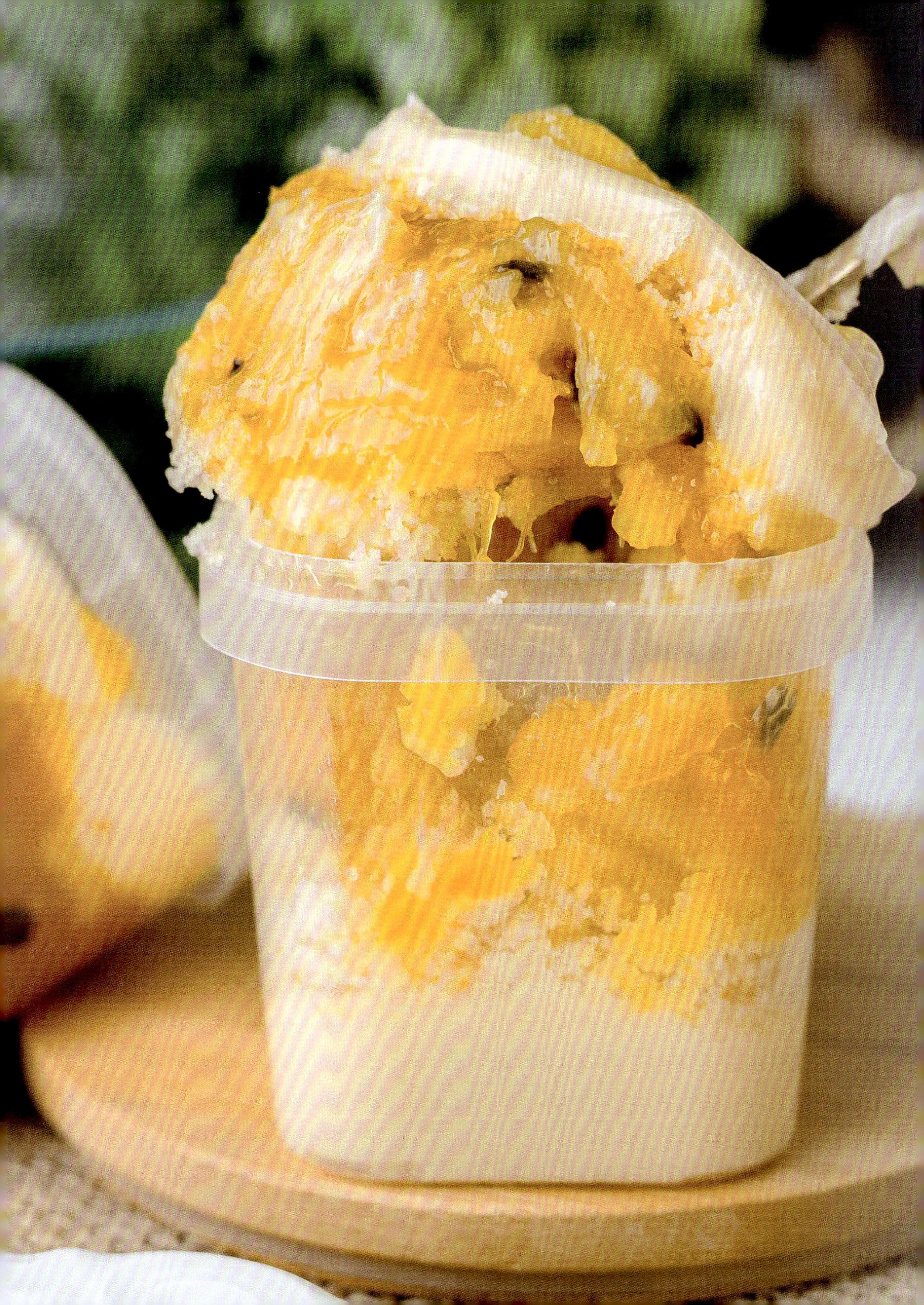

Frutas amarelas

Montagem
- ☑ 1. Brigadeiro de Ninho cremoso
- ☑ 2. Geleia de frutas amarelas
- ☑ 3. Massa branca
- ☑ 4. Brigadeiro de Ninho cremoso
- ☑ 5. Geleia de frutas amarelas
- ☑ 6. Massa branca
- ☑ 7. Brigadeiro de Ninho cremoso
- ☑ 8. Geleia de frutas amarelas

Pote de 220 mL

MARA CAKES

Red velvet

Montagem
- [x] 1. Cream cheese
- [x] 2. Massa red velvet
- [x] 3. Cream cheese
- [x] 4. Massa red velvet
- [x] 5. Cream cheese
- [x] 6. Massa red velvet polvilhada

Pote de 220 mL

Chococo

Montagem
- ☑ 1. Brigadeiro ao leite cremoso
- ☑ 2. Massa de chocolate
- ☑ 3. Cocada artesanal
- ☑ 4. Massa de chocolate
- ☑ 5. Brigadeiro ao leite cremoso
- ☑ 6. Coco em flocos

Pote de 220 mL

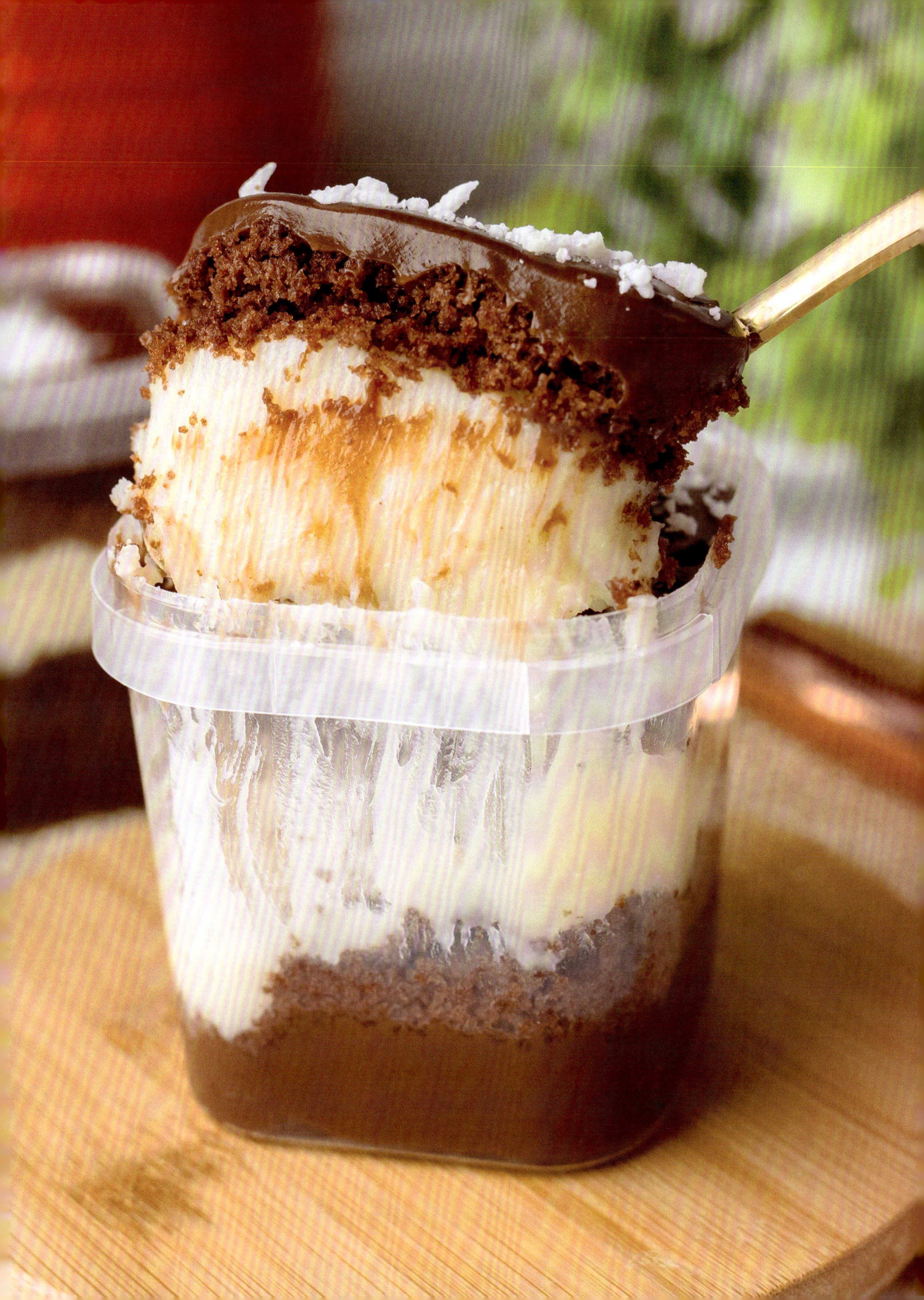

Ninho e morango

Montagem
- [x] 1. Brigadeiro de Ninho cremoso
- [x] 2. Morangos frescos picados
- [x] 3. Massa branca
- [x] 4. Brigadeiro de Ninho cremoso
- [x] 5. Morangos frescos picados
- [x] 6. Massa branca
- [x] 7. Brigadeiro de Ninho cremoso
- [x] 8. Um morango em fatias

Pote de 220 mL

MARA CAKES

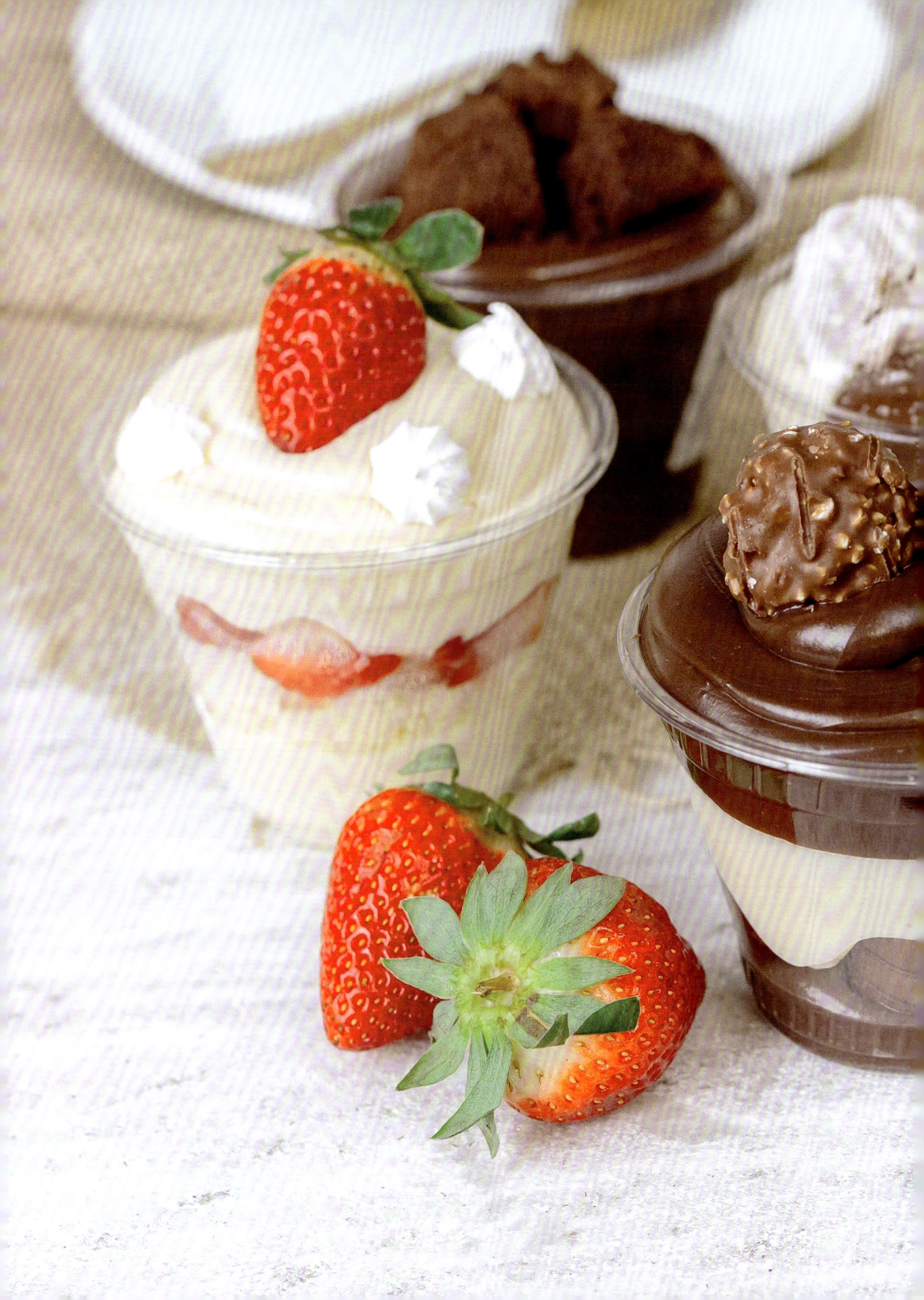

O popular e delicioso copo da felicidade

Chocokinder

Montagem
- [x] 1. Brigadeiro ao leite cremoso
- [x] 2. Quatro unidades de Kinder Bueno
- [x] 3. Brigadeiro de Ninho cremoso
- [x] 4. Brigadeiro ao leite cremoso
- [x] 5. Uma unidade de Kinder Bueno
- [x] 6. Uma unidade de Ferrero Rocher
- [x] 7. Confeitos de chocolate ao leite split

Copo de 250 mL

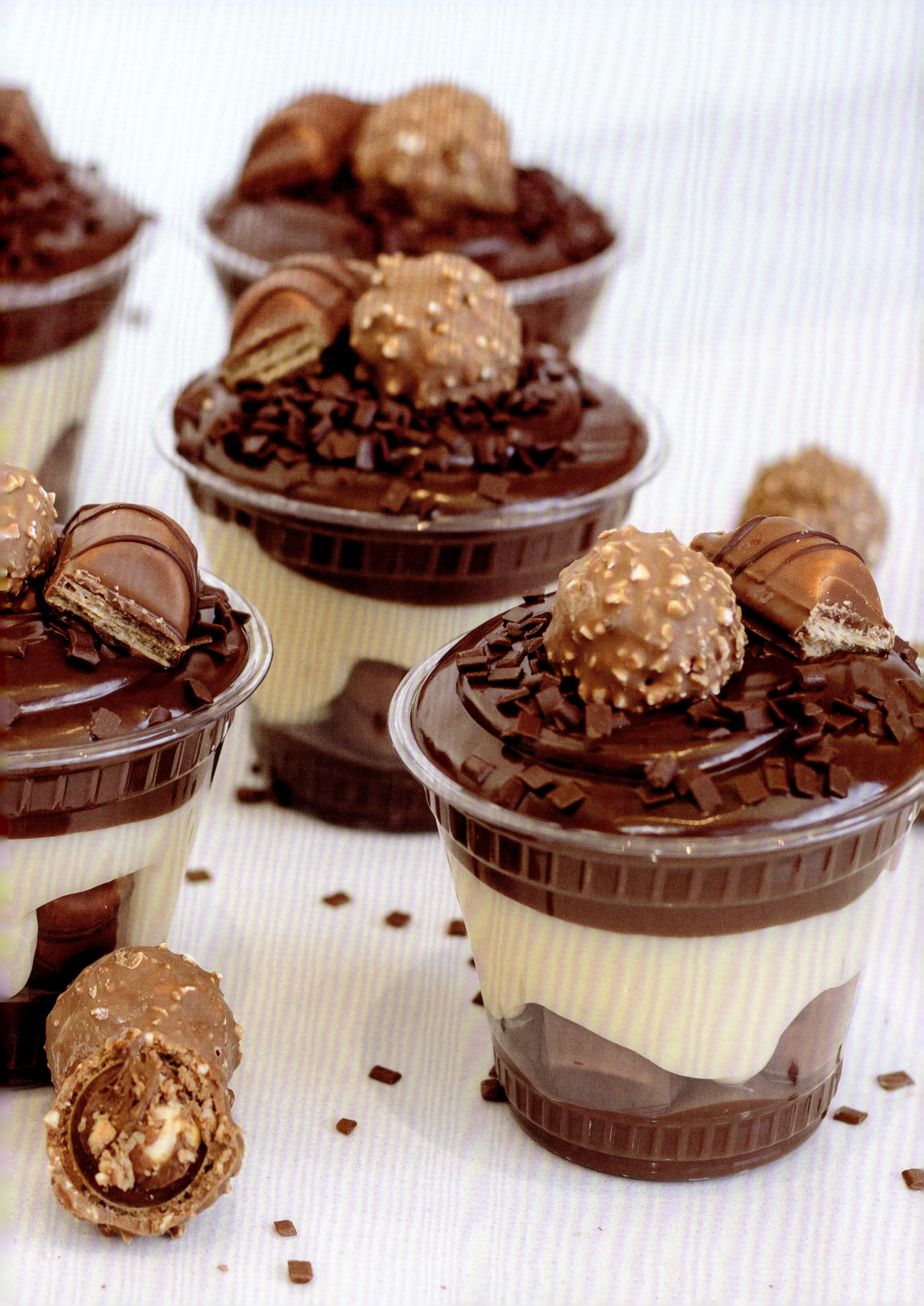

Hot brownie

Montagem
- [x] 1. Brigadeiro ao leite cremoso
- [x] 2. Quatro cubos de brownie
- [x] 3. Brigadeiro ao leite cremoso
- [x] 4. Três cubos de brownie

Copo de 250 mL

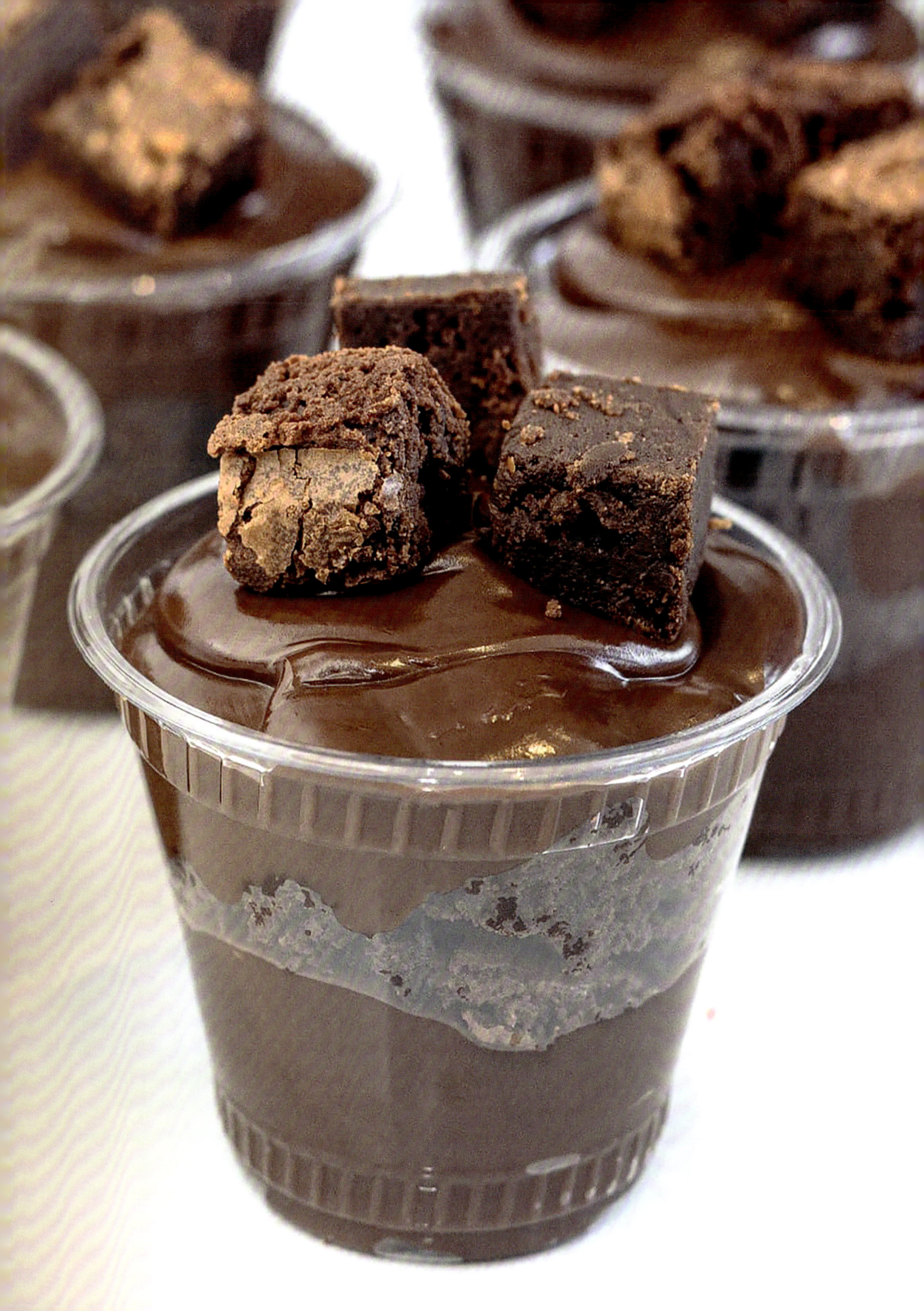

Ninho, chocolate, morango e suspiro

Montagem
- ☑ 1. Brigadeiro ao leite cremoso
- ☑ 2. Massa branca
- ☑ 3. Morangos em pedaços
- ☑ 4. Quatro suspiros
- ☑ 5. Brigadeiro ao leite cremoso
- ☑ 6. Um morango inteiro
- ☑ 7. Quatro suspiros

Copo de 250 mL

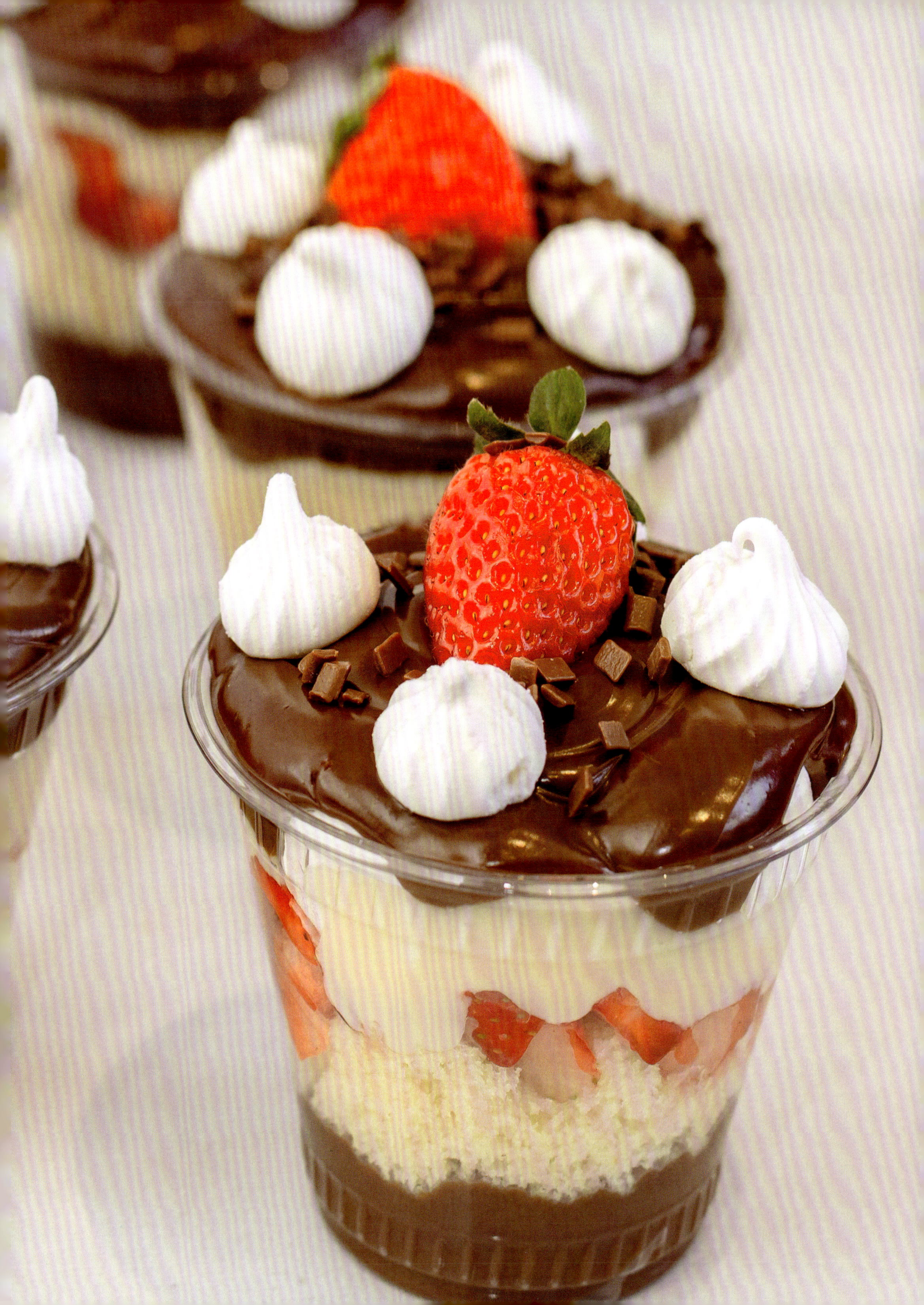

Ninho, morango e suspiro

Montagem
- ☑ 1. Brigadeiro de Ninho cremoso
- ☑ 2. Massa branca
- ☑ 3. Morangos em pedaços
- ☑ 4. Quatro suspiros
- ☑ 5. Brigadeiro de Ninho cremoso
- ☑ 6. Um morango inteiro
- ☑ 7. Quatro suspiros

Copo de 250 mL

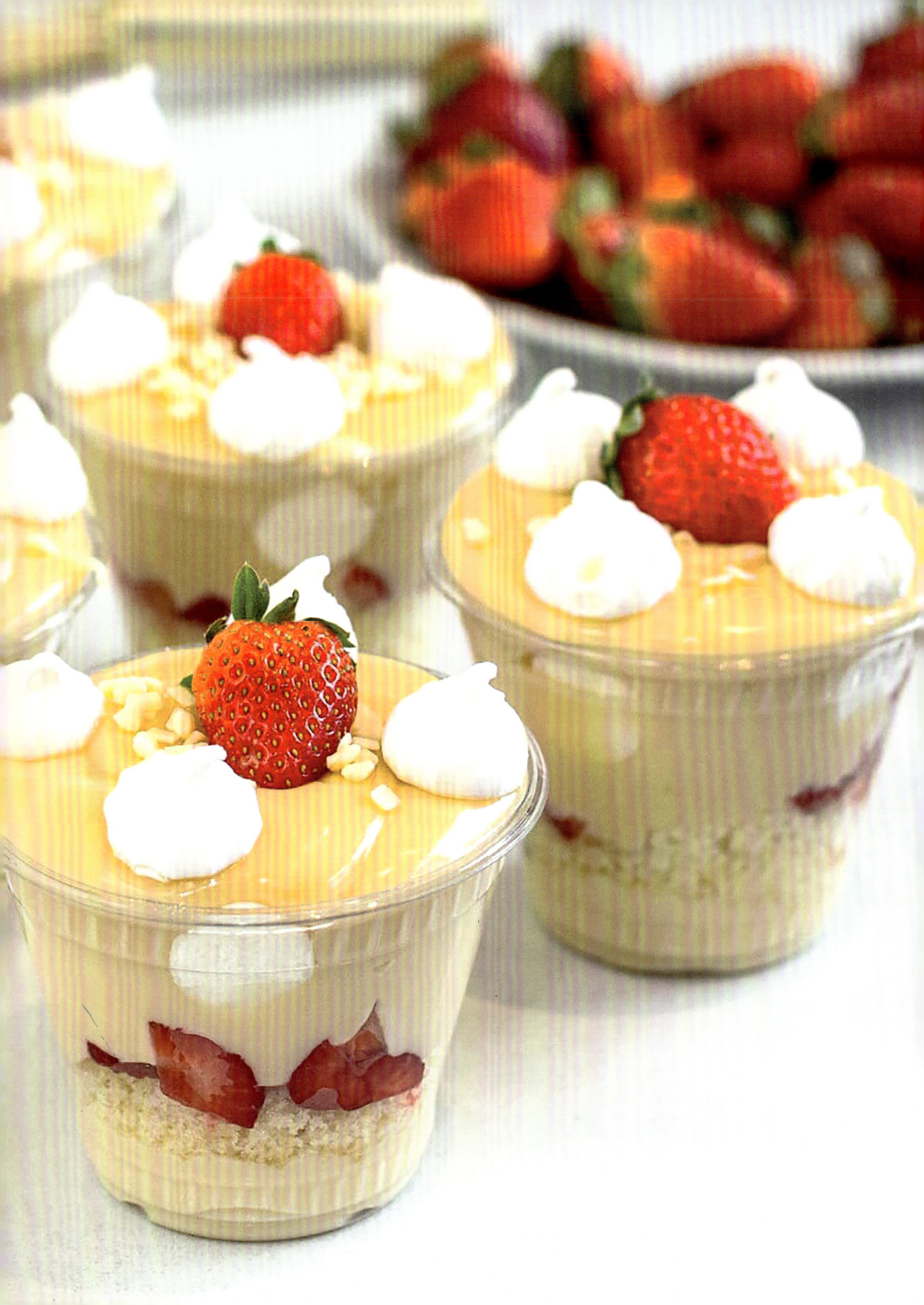

Hot palha

Montagem
- ☑ 1. Brigadeiro de Ninho cremoso
- ☑ 2. Brigadeiro ao leite cremoso
- ☑ 3. Quatro cubos de palha italiana
- ☑ 4. Brigadeiro de Ninho cremoso
- ☑ 5. Brigadeiro ao leite cremoso
- ☑ 6. Três cubos de palha italiana

Copo de 250 mL

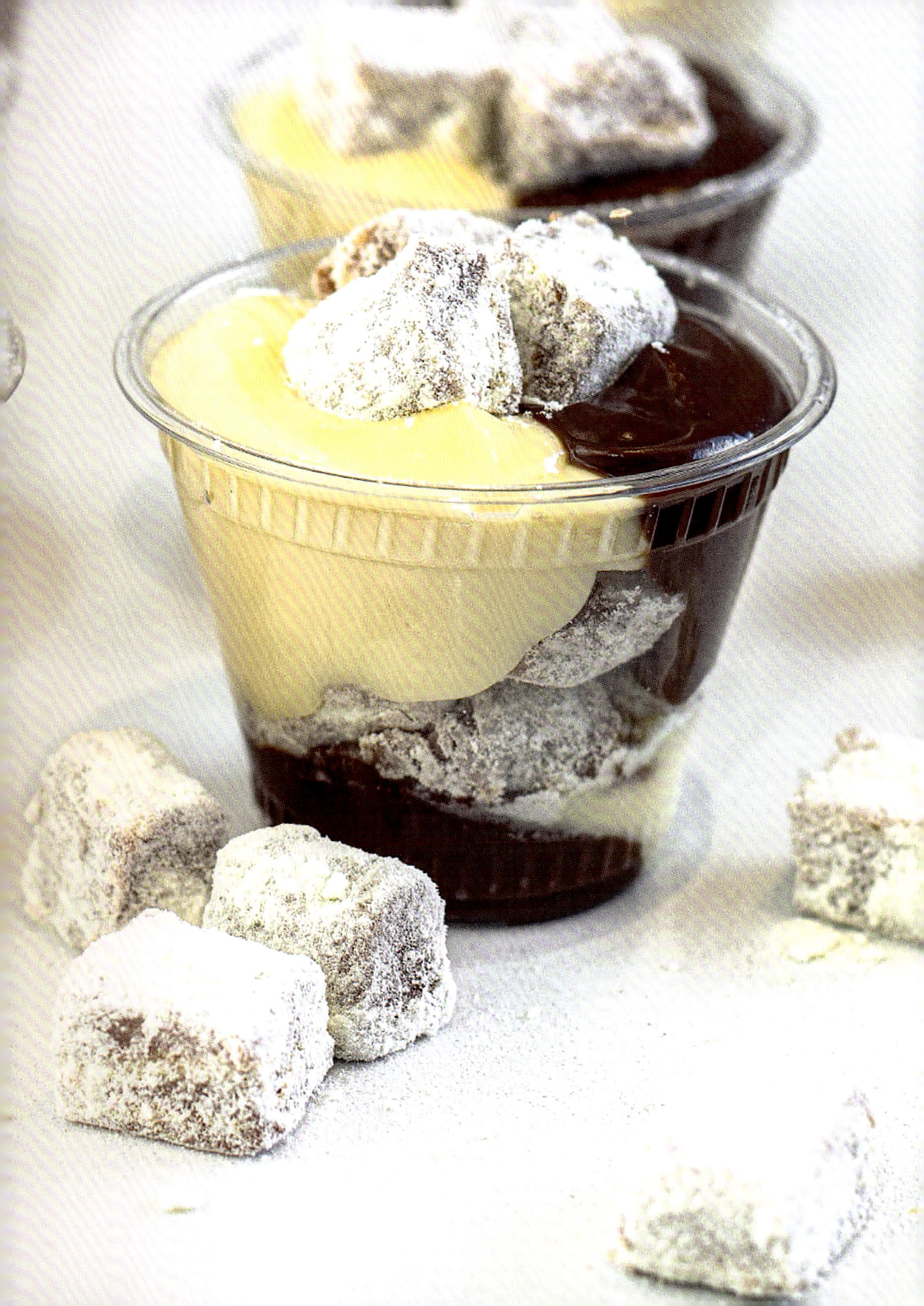

Tarteletes

Para a otimização de tempo, uso as bases para tortas da Art Tart, por conhecer todo o processo de fabricação.

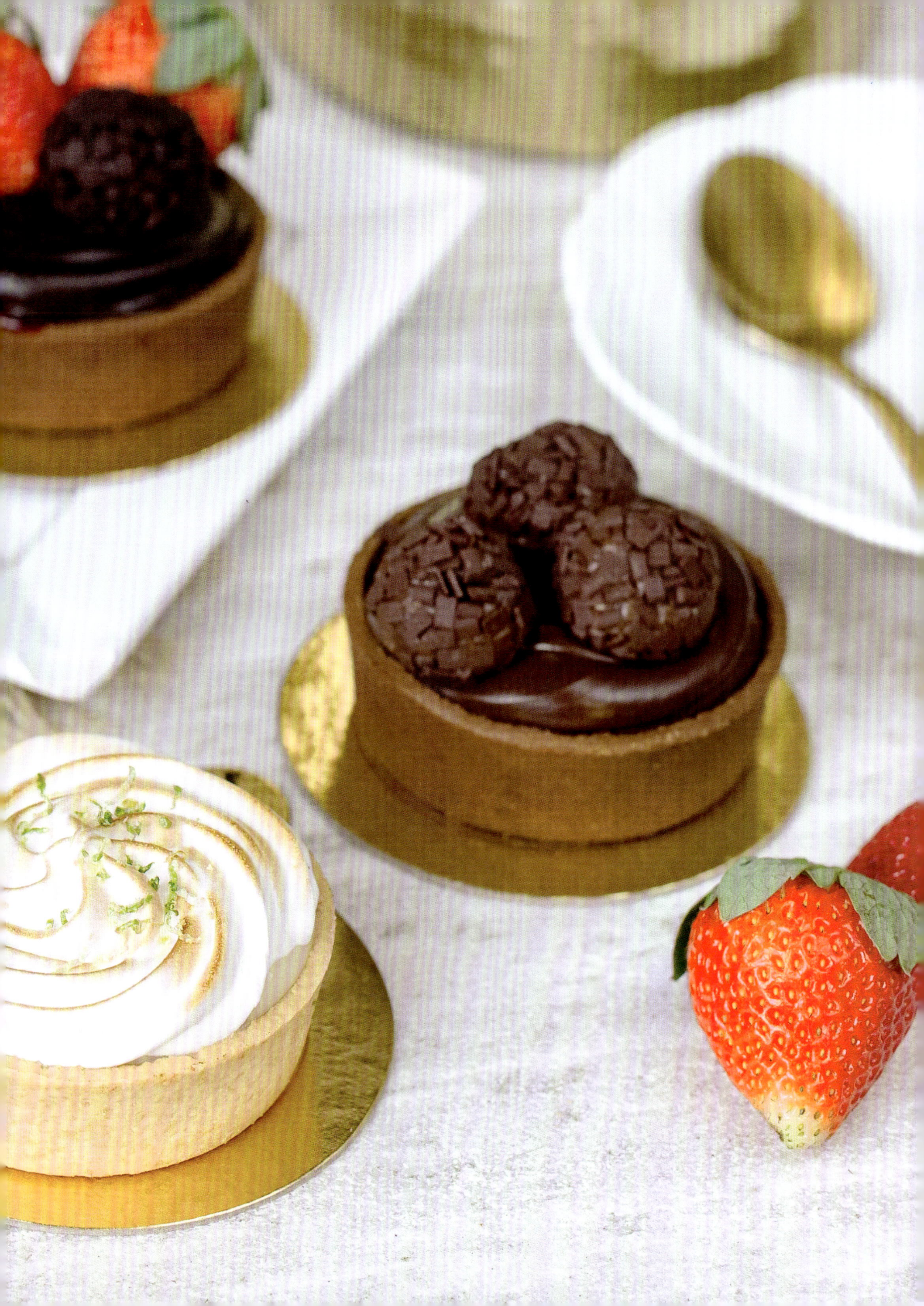

Chocolate amargo e frutas vermelhas

Montagem
- [x] 1. Base de chocolate para tartelete
- [x] 2. Recheio de chocolate amargo
- [x] 3. Geleia de frutas vermelhas
- [x] 4. Recheio de chocolate amargo
- [x] 5. Um brigadeiro amargo
- [x] 6. Dois morangos inteiros

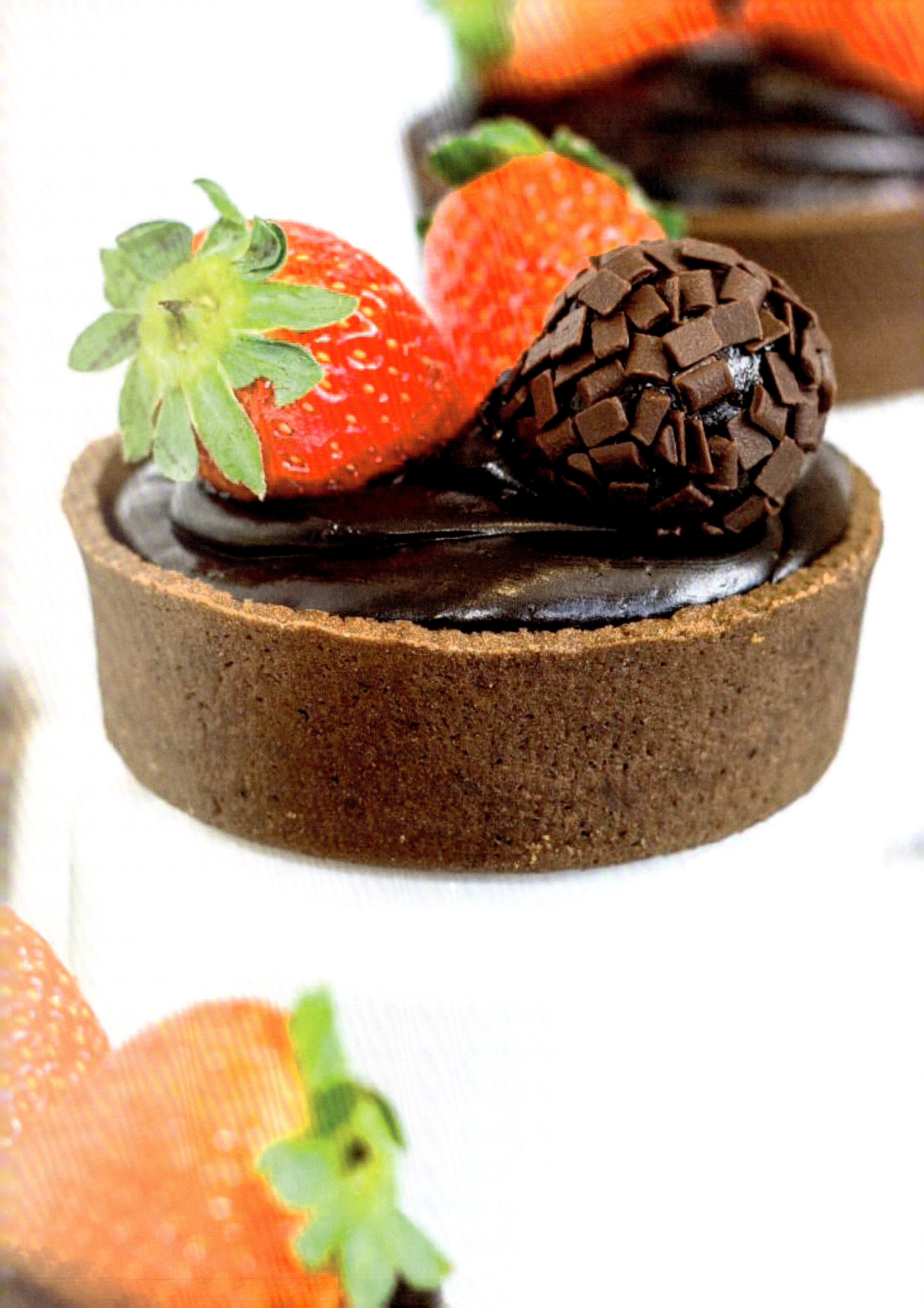

Chocolate ao leite

Montagem
- ☑ 1. Base de chocolate para tartelete
- ☑ 2. Recheio de chocolate ao leite consistente
- ☑ 3. Três brigadeiros ao leite

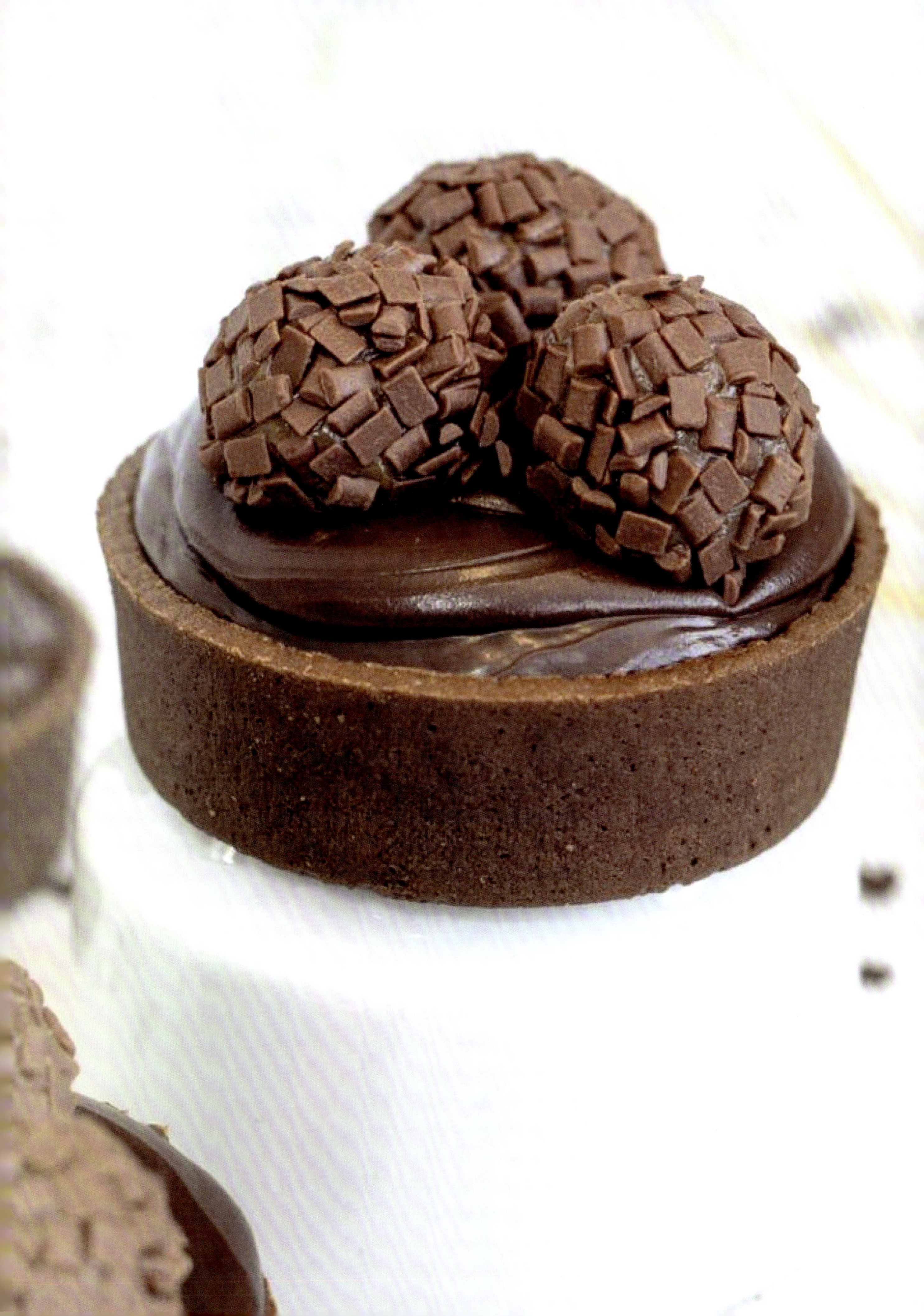

Limão

Montagem
- [x] 1. Base branca para tartelete
- [x] 2. Recheio de Ninho consistente
- [x] 3. Recheio de limão
- [x] 4. Merengue (bico 1M)
- [x] 5. Raspas de limão polvilhadas

RECHEIO DE LIMÃO – 200 g de Ninho cremoso misturado com suco de 1 limão (rende até 5 tarteletes).

Merengue

Ingredientes
- [x] 4 claras
- [x] 320 g de açúcar refinado

Modo de preparo
Em banho-maria, coloque as claras e o açúcar e mexa até não sentir mais os grumos de açúcar. Leve à batedeira e deixe bater em velocidade alta até o ponto de merengue firme. Coloque raspas de limão a gosto.

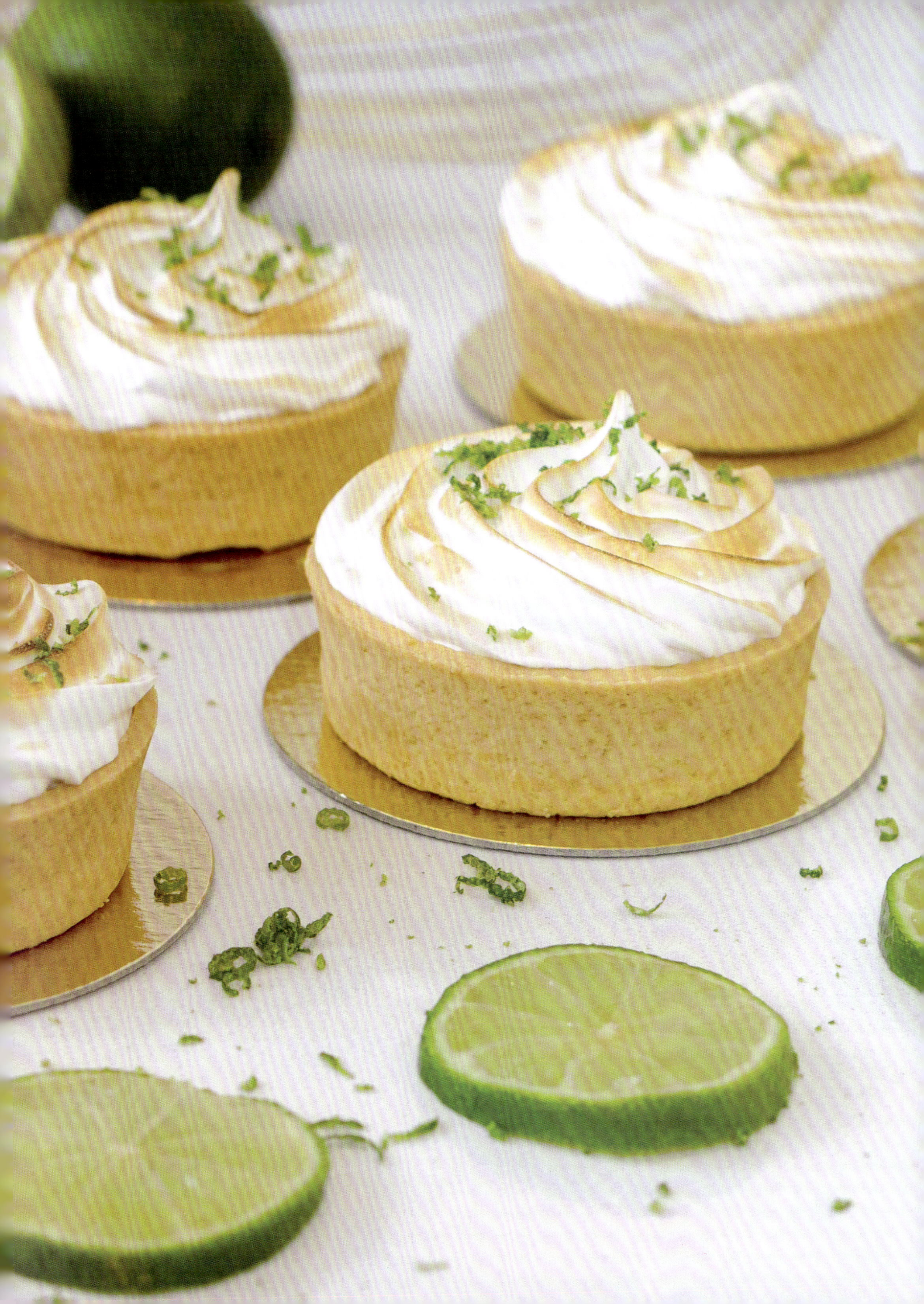

Brigadeiro de colher

Os brigadeiros de Ninho e ao leite cremoso fazem sucesso. Uso potes de 240 mL.

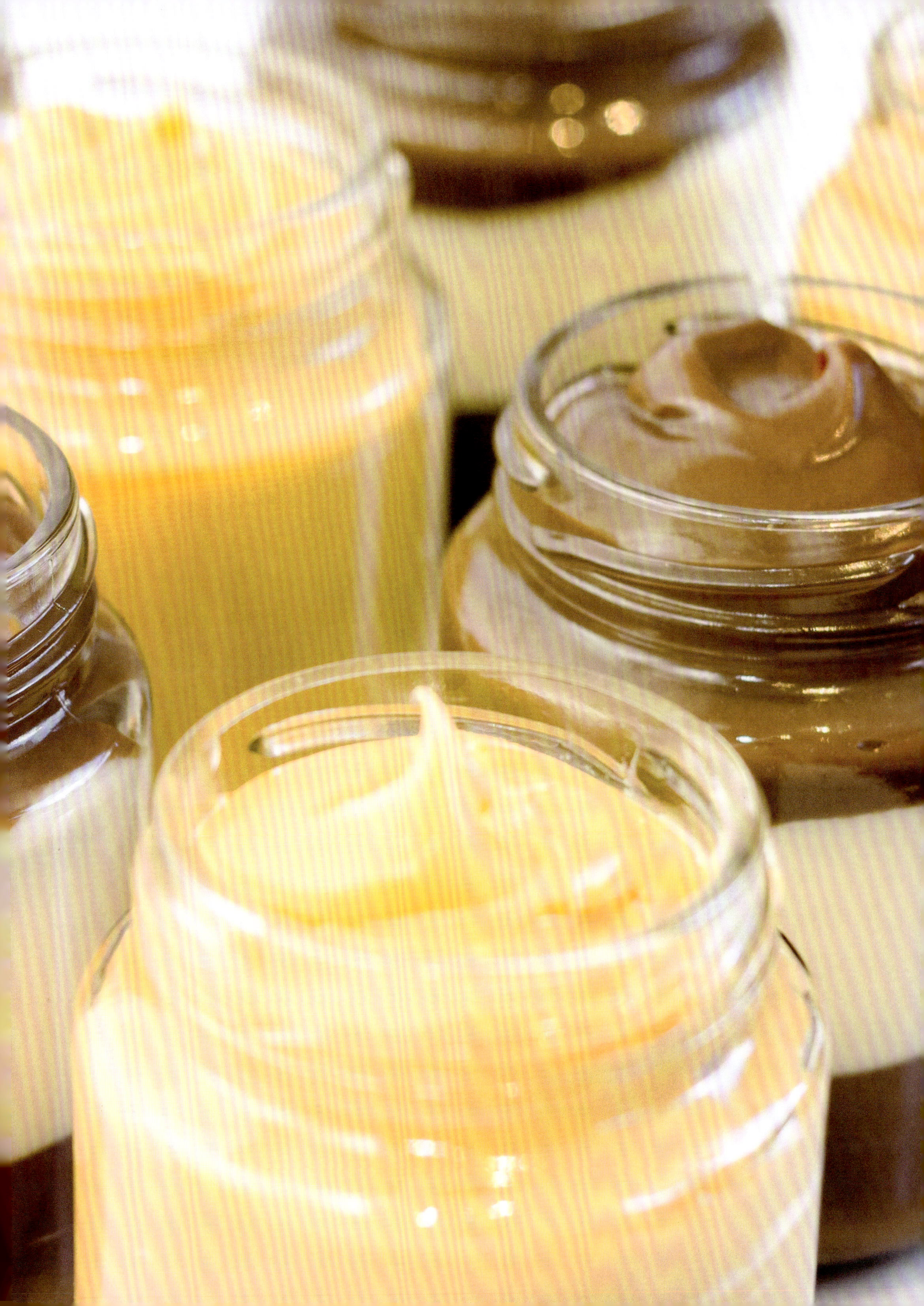

Potes de vidro

São uma ótima opção de venda para agregar valor.

Todos os brigadeiros e geleias que você tiver no cardápio podem ser vendidos dessa forma, pois já estão prontos, é só embalar!

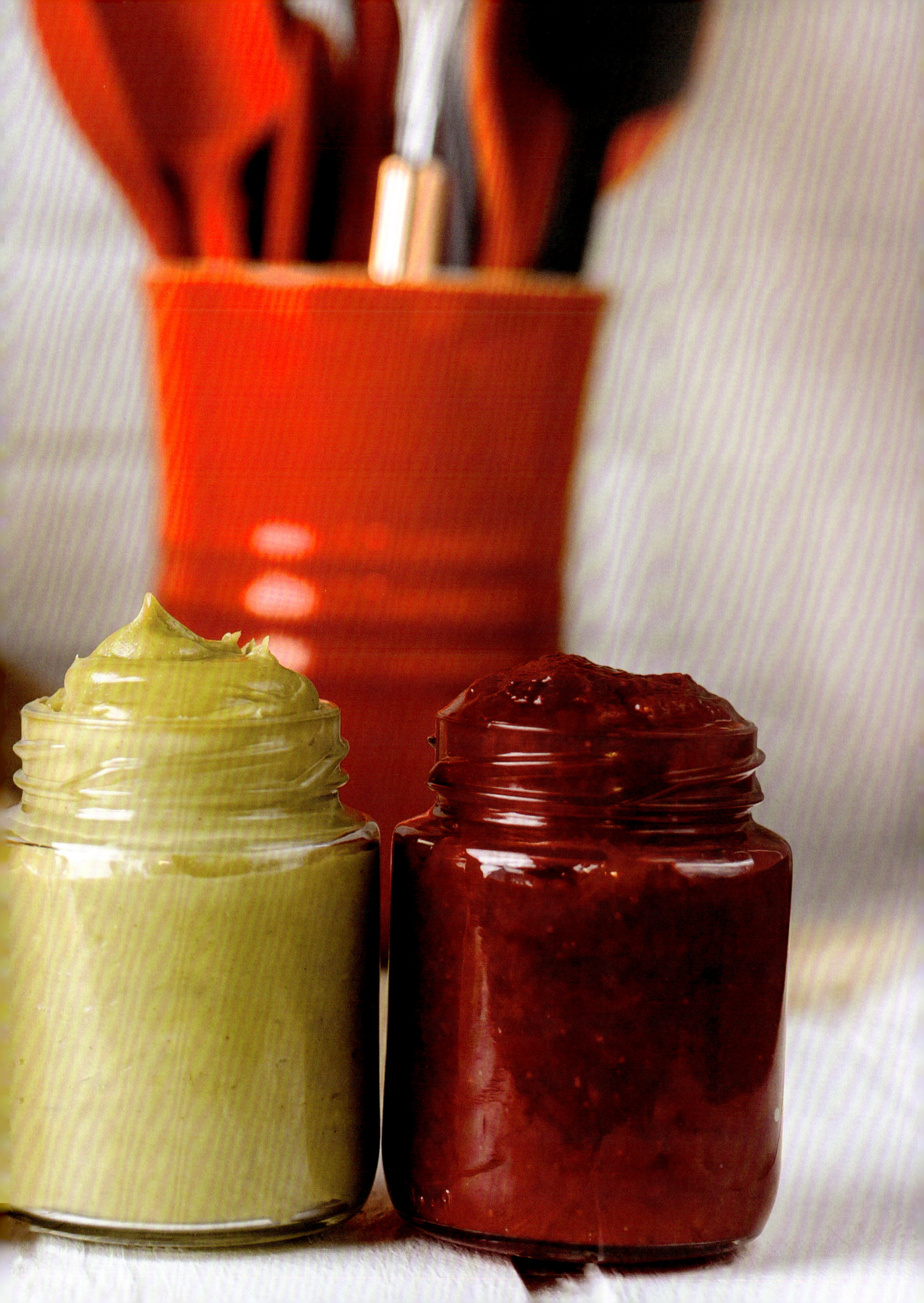

Temperagem de chocolate

Derreta o chocolate a uma temperatura de 45 °C a 50 °C (nunca menor que 40 °C e nunca maior que 50 °C). Depois, esfrie o chocolate amargo entre 34 °C e 35 °C e o chocolate ao leite entre 33 °C e 34 °C.

Para cada 1 kg de chocolate, utilize 10 g de Mycryo.

Temperatura de trabalho dos chocolates:

– Chocolate amargo: 31 °C a 32 °C.
– Chocolate ao leite: 29 °C a 30 °C.
– Chocolate branco: 28 °C a 29 °C.

Após esse processo, você vai notar que o chocolate vai ficar mais viscoso. Para testar a temperagem, mergulhe a ponta de uma faca ou colher no chocolate e deixe alguns minutos em 2 °C (lembre-se do ar-condicionado ou leve à geladeira).
Ele deve firmar e ficar com aspecto acetinado e cor uniforme. Ao encostar o dedo, não deve derreter facilmente. Em seguida, molde seus produtos antes que ele cristalize. Se isso acontecer, aqueça-o por poucos segundos no micro-ondas, mantendo, assim, a temperatura de trabalho.

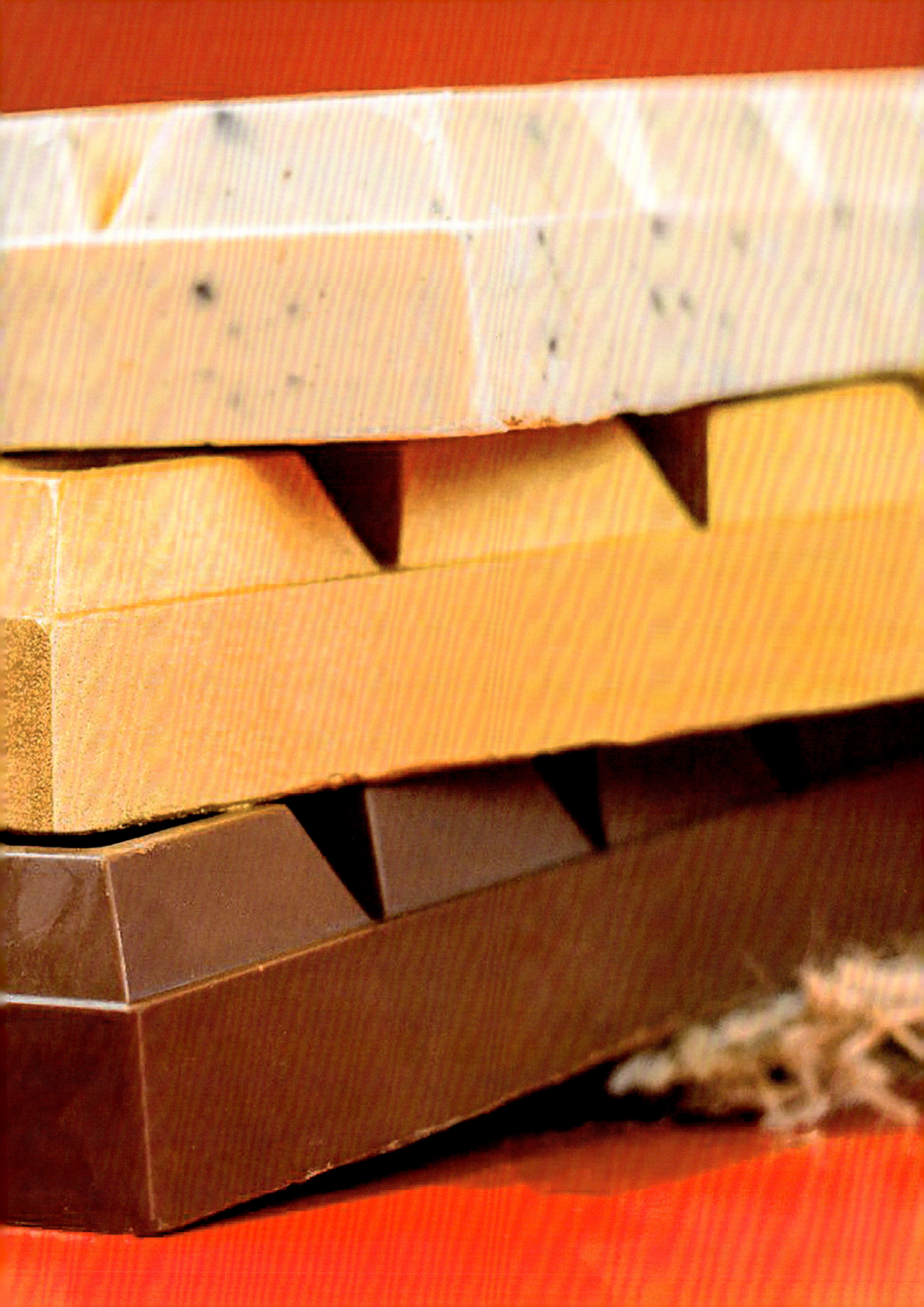

Sobre as panelas mexedoras e os brigadeiros

Vejo muitas pessoas com dificuldade com o ponto, e o erro mais comum é deixá-lo passar. Quando fazemos à mão, temos esse controle de sentir o peso do brigadeiro e assim sabemos a hora correta de desligar o fogo. Na panela mexedora, esse ponto acontece antes.

Se forem brigadeiros de enrolar, a sugestão é fazer uma menor quantidade. O brigadeiro de leite Ninho é sempre o mais chato de acertar. Neste caso, uma dica importante é fracionar o preparo e levar para a geladeira para não escurecer. Se deixarmos na panela, o cozimento continua.

Na fábrica, todo o estoque de recheios é embalado em sacos de confeitar fechados com a seladora.

Dessa forma, garante-se uma maior durabilidade, além de se otimizar o tempo na hora das preparações, uma vez que não precisamos ficar repondo.

Embalamos tudo ainda quente em sacos de confeitar tamanho G.

Não costumamos levar para gelar, apenas se houver necessidade.

Há várias opções e marcas de mexedoras no mercado, a minha favorita é a de 22 litros.

220 V

Sobre os fornos

Usamos duas unidades do modelo HPE80 da Prática para abastecimento de três lojas. Esse modelo permite sobrepor, então assamos 48 bolos, aro 15, a cada 20 minutos.

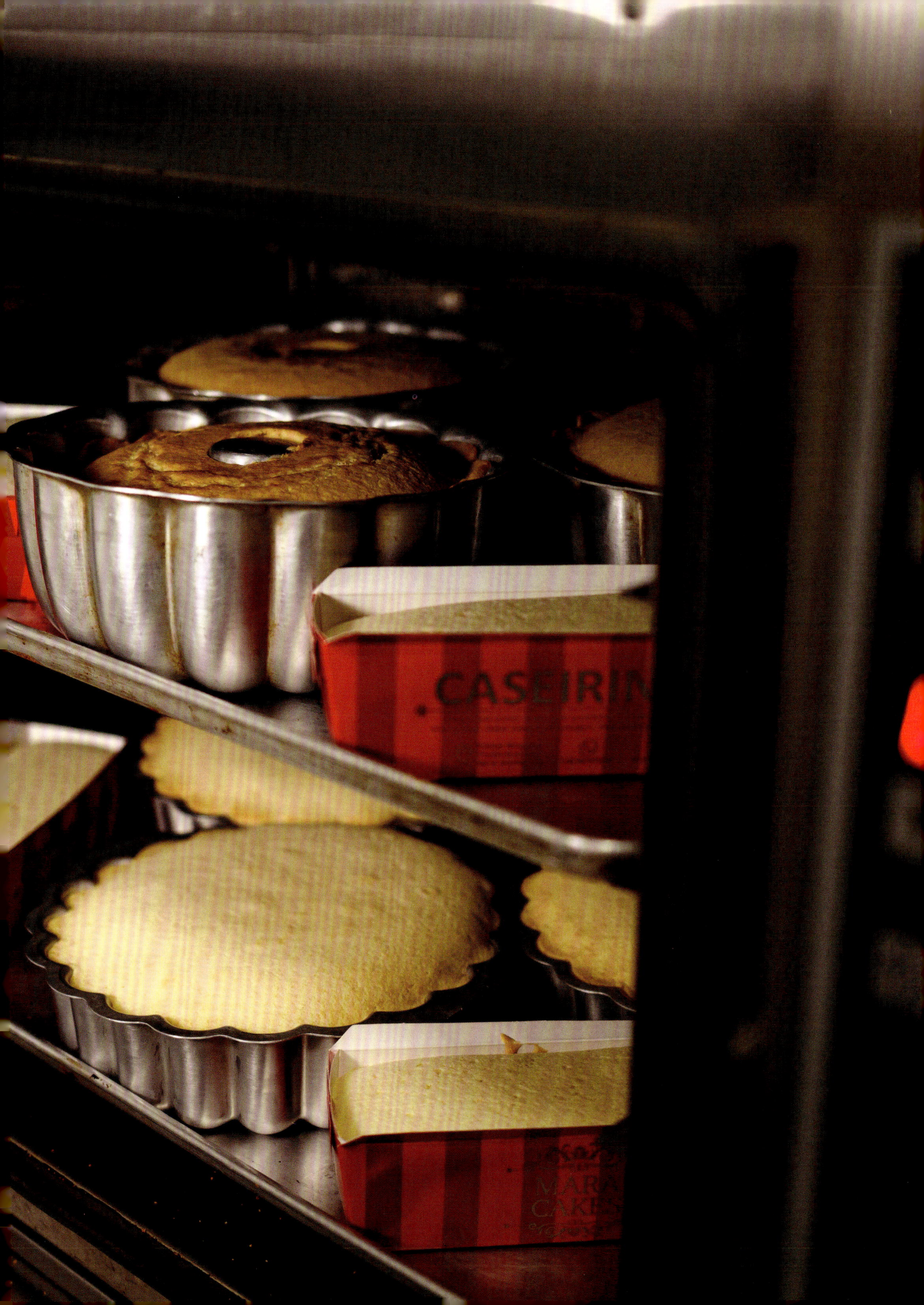
CASEIRIN

Sobre as validades

Conheço produções muito grandes, que trabalham com congelamento por 6 meses. Na fábrica, não temos essa necessidade.

Bolos caseiros

(À temperatura ambiente)
Vulcão, vulcãozinho, pool cake, caseirinho, minicaseirinho, cupcake.

– 2 dias para todos os sabores.
– Atenção para os morangos dos pool cakes! Recomendo deixar os sabores de Ninho e chocolate sob refrigeração baixa.

Doces de vitrine

Hot palha – 4 dias
Hot brownie – 4 dias
Chocokinder – 5 dias
Cookies cream – 5 dias
Chocobrownie – 2 dias
Verrine de Ninho e morango – 2 dias
Verrine ao leite, Ninho e morango – 2 dias
Cake brownie – 4 dias
Folhados – 2 dias
Tarteletes – 3 dias
Cheesecake – 3 dias
Brigadeiros – 4 dias
Pudim – 7 dias

Doces fora da vitrine

Palha italiana – 5 dias
Palha italiana gourmet – 6 dias
Brownie – 5 dias
Brownie gourmet – 6 dias
Brigadeiro de colher – 6 dias
Doce de leite – 6 dias
Pistache – 4 dias
Cocada de colher – 4 dias
Geleia de frutas amarelas – 6 dias
Geleia de frutas vermelhas – 6 dias

MARA CAKES

MARA CAKES
PALHA ITALIANA R$ 8,00
KIT FLORES MARSHMALLOW R$ 24,00

Massas e recheios antes das preparações ou finalizações

Massas para bolos recheados,
minibolos e bolos de pote:
1 dia – à temperatura ambiente
2 dias – refrigeradas
15 dias – congeladas

Não congelamos: massa dos bolos
caseiros, cupcakes e massa folhada.
Assamos diariamente,
se for necessário.

Cheesecake – 4 dias refrigerado,
15 dias congelado.

Brownie – 6 dias refrigerado,
20 dias congelado.

Palha italiana – 6 dias refrigerada,
20 dias congelada.

Mini Bolo
Nhá Benta
R$ 14,90

Mini Bolo Mil
Folhas de
Morango
R$ 14,90

Mini Bolo
Chocolete
R$ 14,90

Mini Bolo Limão
Siciliano e Frutas
Vermelhas
R$ 14,90

Mini Bolo
Chocolate
R$ 15,90

Recheios e brigadeiros

7 dias – à temperatura ambiente
15 dias – refrigerados
30 dias – congelados

Ao descongelar massas ou recheios, é necessário fazer uso no mesmo dia. Não podem jamais voltar para o congelamento. Por isso, deve-se porcionar, e não congelar em grandes quantidades.

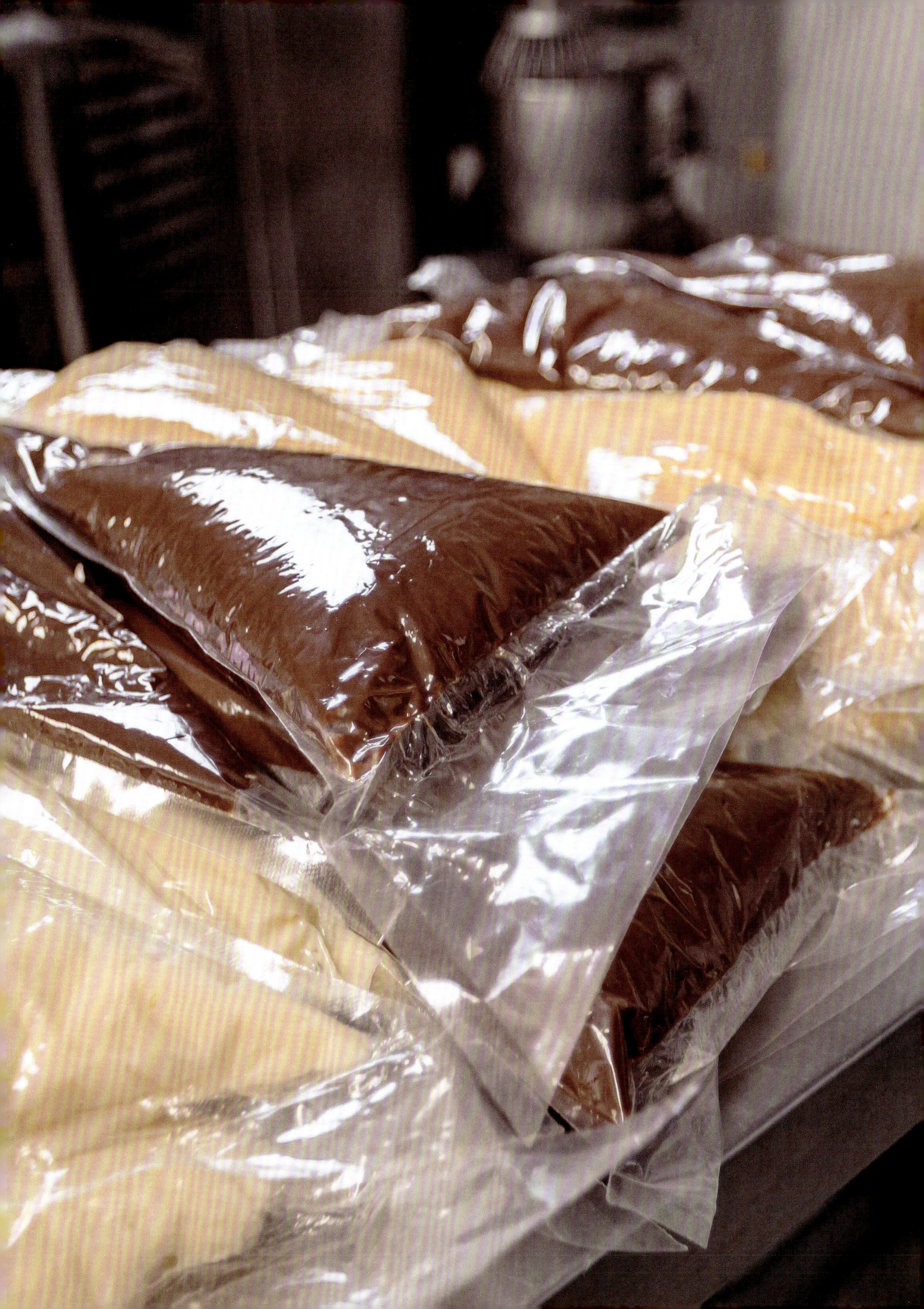

A fábrica Mara Cakes

O interior é dividido da seguinte forma:

Área quente

Onde todas as massas e os recheios são preparados. Tudo o que é assado ou cozido é feito aqui. É a sala mais completa, e o restante depende dela.

Área fria

Onde tudo é finalizado.
A montagem de todos os tipos de bolo e sobremesa é feita nessa sala. Tudo já vem pronto da área quente. E daqui segue para a sala de finalização.

Sala de finalização

Após a sala fria, os produtos vão para essa sala para serem embalados, pesados e etiquetados, até estarem prontos para a área de vendas.

Área de chocolate

Tudo o que se refere a chocolate puro e todo o processo com o chocolate é feito nela: o derretimento, a temperagem e a modelagem. Dela, ele sai pronto, já embalado, e segue para a sala de finalização apenas para colocarmos os códigos e as etiquetas.

Área refrigerada

É composta de câmara fria de congelamento, câmara fria de resfriamento e ultracongelador.

Estoque

Armazena insumos e embalagens.

Área de funcionários

Dispõe de cozinha e armários individuais.

CONE TRUFADO
R$ 14,00

PALETA GOURMET
R$ 15,00

MINI BOLO RED VELVET R$ 14,90
MINI BOLO CHOCOKINDER R$ 14,90
MINI BOLO PAÇOCA E AMENDOIM R$ 14,90
MINI BOLO DAMASCO R$ 15,90
MINI BOLO MEIO AMARGO R$ 14,90
MINI BOLO FRUTAS VERMELHAS R$ 14,90
MINI BOLO BLEND R$ 14,90

| Mini Bolo Nutelíssimo R$ 14,90 | | Mini Bolo Negresco R$ 14,90 | Mini Bolo Pistache R$ 15,90 | Mini Bolo Chocomousse R$ 14,90 | Mini Bolo ao Leite R$ 14,90 | Mini Bolo Mil Fechas Doce de Leite R$ 14,90 | Mini Bolo R$ 15,90 | |